말 위에서 다스린 세상
태종

역사를 바꾼 인물 · 인물을 키운 역사
말 위에서 다스린 세상
태종

역사 · 인물 편찬 위원회 엮음

역사디딤돌

머
리
말

 조선은 원나라가 망하고, 명나라가 흥하는 과정에서 탄생한 나라였다. 만약에 중국 대륙이 안정권에 있었다면 명나라와 고려의 국경이 위태롭지도 않았을 것이다. 또한 최영과 우왕이 무리해서 요동정벌을 감행하지도 않았을 것이고, 이성계의 위화도 회군도 있을 수 없었다. 결국 대륙의 세력 교체기는 500년 역사의 고려를 무너뜨리고, 무신인 이성계가 조선을 세울 수 있는 기틀이 되었다.
 왕위에 오른 태조는 신진 세력이 나라를 이끌어 가기를 바라며 정도전에게 많은 정권을 일임했다. 하지만 이방원은 강력한 왕권을 행사할 수 있어야만 나라가 안정될 수 있다고 믿었다. 그러나 태조는 조선 건국에 큰 역할을 담당했던 이방원을 제치고, 막내아들인 방석을 세자로 책봉했다.

태조의 무리한 세자 책봉은 곧 1차 왕자의 난과 2차 왕자의 난을 일으키게 하는 빌미가 되었다.

결국 이방원에 대한 태조와 강비, 그리고 정도전의 지나친 경계와 냉대가 화근이 되어 조선 왕조는 건국 초기부터 피비린내 나는 살육전을 벌여야 했다.

이방원은 두 차례의 왕자의 난을 겪고 난 뒤, 권력을 손에 쥐었지만 장자 우선의 원칙을 내세우며 정종에게 왕권을 양보했다.

그런 뒤에 자연스럽게 세자 자리에 오른 뒤에 정종으로부터 선위 받는 형식으로 조선 제3대 왕위에 올랐다.

왕위에 오른 태종은 수많은 악역을 스스로 자처했다. 아직도 조선의 개국을 인정하지 않는 세력이 많은 데다 두 차례의 왕자의 난으로 인해 정국이 몹시 어수선했다. 태종은 왕권 강화만이 살길이라고 여겼고, 그러자면 제일 먼저 왕비의 친정 동생인 민무구 세력을 제거해야 했다. 민씨 형제는 이방원이 왕위에 오를 수 있게 한 일등 공신이었다. 하지만 민씨 형제가 양녕을 왕위에 앉히기 위해 다른 왕자들을 죽이려 한다는 소문이 떠돌고, 많은 세력이 민씨 형제에게 몰리고 있었다. 태종은 민씨 형제의 세력을 제거할 목적으로 세 차례의 선위 파동을 일으켰고, 기어이 민씨 형제를 제거하는 데 성공했다.

태종은 세자 자리에 있던 양녕을 폐세자하고, 셋째 아들 충녕을 세자로 책봉했다. 태종은 군주는 왕조를 안정시키기 위해서 글과 문장이 뛰어나야 된다고 여겼다. 그리고 말 위에서 다스리는 세상은 자신의 대에서 끝나야 된다고 생각함으로써 자신의 뒤를 이은 왕은 문치로서 나라를 다스리기를 바랐다.

태종은 충녕을 세자로 책봉한 뒤, 또 한차례 선위 파동을 일으키고 마침내 세종에게 보위를 넘기고 상왕으로 물러앉았다. 그리고 수많은 사람들이 사은사로서 명나라로 떠나던 심온을 전송하는 것을 보고 충격을 받은 뒤에 가차 없이 심온 세력도 제거해 버렸다. 심온은 세종의 장인이었고, 태종은 심온 또한 왕권을 위축시킬 위험이 많다고 판단했던 것이다.

또한 그 무렵에 나라를 위협하는 왜구를 물리치기 위해 대마도정벌을 감행해 대승을 거두기도 했다.

태종은 조선의 500년 역사의 기틀을 만든 왕이었다. 훗날을 위해 사병 제도를 폐지하고, 피의 숙청을 통해 양반 세력의 도전을 철저하게 막았다. 또한 법을 제정하고 백성의 생활을 위해 많은 개혁을 단행했다.

말 위에서 다스린 세상
태종

차

례

요동정벌 계획과 고려의 앞날…12

위화도 회군과 고려의 멸망…33

이성계와 조민수의 대결…50

고려의 마지막 충신 정몽주의 죽음…63

왕자의 난과 이방원…74

한성을 떠난 태조…98

왕위에 오른 이방원…119

한양 천도와 선위 파동 …136

원경왕후의 분노와 양녕의 방황…153

거인이 세운, 작지만 강한 나라…178

말 위에서 다스린 세상
—태종—
건국 초기에 강력한 왕권을 다진 왕

1367~1422
재위기간 : 1400~1418
자는 유덕, 이름은 방원

태종은 태조 이성계와 신의왕후 한씨 사이에서 다섯째 아들로 태어났다. 1283년(고려 우왕 9) 문과에 급제하여 밀직사대언을 맡았다. 아버지 이성계가 위화도 회군을 감행한 후에, 정적인 정몽주를 없앴다. 그 후에 이성계를 도와 조선 건국에 큰 공을 세웠다. 태조 이성계가 신덕왕후 강씨에게서 태어난 방석을 세자로 책봉하자 크게 불만을 품었다. 이에 태조가 아픈 틈을 타서 이숙번과 함께 정도전, 남은 등을 제거하여 권력을 잡았다. 그 후에 제1차 왕자의 난을 통해 신덕왕후의 두 아들인 방석과 방번을 없앴다. 그 일로 태조는 이방원을 몹시 미워하기 시작했다. 정치에 의욕을 잃은 태조는 정종에게 왕위를 넘기고 상왕으로 물러앉았다. 그러다 세자 자리를 탐내던 넷째 형 방간이 난을 일으키자, 방간 세력을 모두 제거했다. 그것이 제2차 왕자의 난이다.

정종의 선위로 조선 제3대 왕위에 오른 태종은 사병을 모두 중앙에 속하게 하고, 개인은 군사를 거느릴 수 없게 했다. 또한 불교를 억누르고 유교를 숭상하는 정책을 펼쳤다. 네 차례의 선위 파동을 통해 왕권을 위협하던 민무구 형제와 세종의 장인인 심온 등을 제거하고, 대마도정벌을 감행하여 대승을 거두기도 했다.

태종은 즉위 후, 창덕궁을 지었으며, 개경에서 한양으로 재천도를 단행하였다. 18년간 재위하면서 관제의 개혁, 신문고의 설치, 호패법 실시, 조세 제도 정비, 국방 강화를 위한 군사 제도의 혁신 등 조선 왕조의 기반을 닦는데 많은 치적을 남겼다.

요동정벌 계획과 고려의 앞날

이방원은 1367년, 이성계와 한씨(훗날 신의왕후) 사이에서 다섯째 아들로 태어났다.

그 무렵에 중국 땅에서는 원나라가 쇠퇴하고 새로운 세력들이 우후죽순처럼 일어나 천하를 차지하기 위한 격전을 벌이고 있어 땅 전체가 전쟁터나 진배없었다.

중국의 혼란은 곧 고려의 혼란과 연결되었다.

1359년(공민왕 8), 홍건적*은 고려에 선전포고문을 보내왔다.

홍건적은 중국 원나라 말기에 허베이에서 한산동(韓山童)을 두목으로 삼아 일어난 도둑의 무리. 머리에 붉은 수건[紅巾]을 쓴 까닭에 이렇게 이르며, 두 차례에 걸쳐 고려를 침범했다.

'백성들이 오랫동안 오랑캐에게 함몰된 것을 개탄하여 의병을 일으켜서 중원을 회복하여, 동으로 제나라와 노나라를 넘어서고, 서쪽으로는 함진(중국의 옛 진나라 지역)으로 나가며, 남으로는 민광(중국 복건·광동·광서지역)을 지나고, 북으로는 유주와 연나라 땅에 도달하니 마치 배고픈 자가 맛있는 음식을 얻은 듯이 백성들이 기꺼이 와서 붙고, 병든 자가 약을 먹은 듯하다. 이제 여러 장수들에게 엄격히 다스리게 하여 조금도 백성들을 침노하지 못하게 해서 귀화해 오는 백성은 무휼하고 거역하는 자들을 죄주려 한다.'

선전포고를 해온 홍건적은 그 해 11월 말에 압록강이 얼기를 기다렸다가 3천 명이 고려 땅을 침범했다. 또한 그 해 12월에는 4만여 명의 홍건적이 고려 땅을 침범해 고려 백성 천 명을 학살하고 약탈을 했다. 또한 이듬해 10월에는 10만 명의 홍건적이 다시 압록강을 건너왔다.
"홍건적이 나라를 쓸고 있다!"

창덕궁 어수문 층계(서울특별시 종로구)
창덕궁의 주합루로 들어가는 문이다. 정조가 즉위한 해 (1776)에 지은 2층 건물인 주합루로 올라가는 문으로, 왕만 출입할 수 있었다. 신하들은 어수문 양 옆에 있는 협문으로 드나들었다.

"모두 달아나라!"

고려는 물밀듯이 몰려드는 홍건적과 맞서 싸웠지만 역부족이었다. 그나마 이성계가 이끄는 군사가 홍건적 백 명을 처치한 것이 전부였다.

결국 공민왕은 남쪽으로 피란을 떠났고, 10월 24일, 개경은 완전히 홍건적의 손아귀로 들어가고 말았다.

공민왕은 안우, 이방실, 최영, 이성계 등을 지도부로 삼아 20만 대군을 총집결해서 홍건적을 몰아내게 했다.

"선봉장은 이성계가 맡도록 한다!"

이성계는 2천 명의 군사를 이끌고 새벽에 홍건적을 기습 공격했고, 자고 있다 급습을 받은 홍건적은 혼비백산 달아

나기에 급급했다. 고려군의 대승이었고, 홍건적은 10만의 군사를 거의 잃고 압록강 너머로 철수했다.

이성계의 활약은 그 뒤로도 계속되었다. 1362년에는 몽골의 나하추를 격퇴하고, 1364년에는 최유가 끌어들인 원나라 군사를 격퇴했다.

고려가 힘든 나날을 보내는 동안, 중국 땅은 엄청난 변화를 겪고 있었다. 오나라의 왕이라는 뜻으로 오국공을 세운 주원장이 1368년(공민왕 17) 1월에 마침내 국호를 명나라로 하고 황제에 등극했다.

"명나라는 우리 고려에 엄청난 영향력을 행사하려 할 텐데, 걱정이로구나."

"명나라 주원장은 세력을 굳히기 위해서라도 무섭게 원나라를 밀어붙이면서 우리 고려를 쥐락펴락하려고 하겠지."

많은 사람은 새로운 제국 명나라의 탄생을 우려했다. 그때가 1368년으로 이방원의 나이 두 살 때였다.

이성계는 1370년에는 두 차례에 걸쳐 동녕부 정벌에 나서기도 했다. 그 후, 1372년부터 1380년까지 최영과 함께 수많은 전쟁터를 누비며 위태로운 고려를 지켜 냈다. 또한 1377년(우왕 3) 5월, 왜구가 수백 척의 배를 타고 건너 와 지리산 방면으로 침입했을 때도 아들 이방원과 함께 지리산 방면으로 달려가 왜구를 섬멸했다. 그때 이방원의 나이는 11세였다.

이방원은 어린 시절부터 이성계를 따라 많은 전장을 다녔지만, 글에도 관심이 많았다.

"너는 무사 기질도 뛰어나지만, 문사 기질 또한 남다르구나."

이성계는 이방원이 글공부에 전념하도록 했다.

그 무렵에 계모 강씨와 이방원의 관계는 좋은 편이었다.

"방원은 용모는 물론이고 높은 코까지 모두 아버지(이성계)를 닮아 용의 얼굴이다. 내 몸에서 태어나지 않은 것이 참으로 아깝구나."

강씨는 그런 말을 할 정도로 이방원을 아꼈다.

이성계가 이방원에게 거는 기대는 참으로 컸다.

"우리 집안은 대대로 무인 집안이다. 나는 평생을 칼과 창만 들고 다닌 탓에 평소 학자를 흠모한다. 우리 집안에 한 명쯤은 활과 창 대신 책과 붓을 들고 학문에 힘쓰는 선비가 있으면 좋겠다."

이성계는 평소에 그런 말을 자주 하고는 했다.

이성계는 이방원을 이끌어 줄 뛰어난 스승을 찾았다. 그리고 당대의 유명한 성리학자 원천석을 찾아냈다.

"제 아들을 맡아서 가르쳐 주십시오."

그러나 원천석은 이방원을 가르치는 일을 썩 내켜하지 않았다.

"전장에서 잔뼈가 굵은 이성계가 나라 전체를 쥐락펴락하는 꼴을 보고 싶지 않다."

하지만 이방원을 만나 본 원천석은 마음을 바꾸었다.

"이방원은 이성계와는 모든 것이 다르구나. 성품이 바르고 학식도 밝아 보인다. 제 아비처럼 창칼을 휘둘러서 권력을 휘어잡을 위인은 아닌 것 같구나."

원천석은 이방원을 제자로 맞아들였다.

이방원도 원천석의 뛰어난 인품과 학식을 몹시 우러르고 존경했다. 이방원은 원천석의 가르침을 받으며 학문에 전진했다. 그리고 1382년(우왕 8)에 열여섯 살의 나이로 진사시에 2등으로 합격했다. 또한 다음 해 문과에서는 7등으로 급제했다.

훗날, 원천석은 이성계의 역성혁명에 이방원에 적극 가담하고, 정도전, 정몽주 등을 제거하자 크게 실망했다고 한다. 그리고 그 후에 치악산으로 들어가 칩거했으며, 이방원이 여러 번 찾아가도 만나주지 않았다. 제자를 잘못 가르쳤다는 죄책감 때문이었을 것이다.

당당하게 급제를 한 이방원은 그 해 민제의 딸과 혼인했다. 이방원은 열여섯 살이었고, 민씨는 열여덟 살이었다.

 민제는 고려 문벌 귀족이면서도 성리학을 받아들이며 젊은 사대부들과 적극적으로 교류했다고 한다. 그 무렵에 이성계는 연이은 전승으로 함흥 토호에서 중앙의 신흥 명문가로 부상 중에 있었고, 따라서 이방원과 민씨의 혼례는 정략결혼이었을 것으로 짐작된다.

 그런데 혼례식을 치르던 날, 그 자리에 하륜도 초대되었다. 하륜은 관상을 잘 볼 줄 알았다.
 "살면서 저런 얼굴은 처음 본다. 저 얼굴에는 왕기가 서려 있구나!"
 하륜은 즉시 장인인 민제를 찾아갔다.
 "내가 상을 볼 줄 아는데, 사위 같은 사람은 없었습니다. 소개해 주십시오."
 "내 사위를 그렇게 좋게 봐주다니, 그저 고마울 따름이

오."

 민제는 기꺼이 하륜에게 이방원을 소개해 주었다.

 그런데 그 무렵에 명나라와 고려 사이는 하루가 다르게 나빠지고 있었다. 두 나라에 팽팽한 긴장이 감돌기 시작한 것은, 명나라에서 고려의 철령 이북 땅을 자신들의 요동부에 예속시키겠다는 통보를 해오면서부터였다.

 "요동부의 관리를 보내 철령위를 설치하고, 그 지역을 우리의 영토로 굳히겠다!"

 명나라의 통보를 받은 고려 조정은 큰 혼란에 휩싸였다.

 "가만히 앉아서 철령 이북 땅을 내줄 수는 없습니다."

 "철령 이북 땅을 내준다는 것은 싸우기도 전에 명나라에 무릎을 꿇는 것과 다를 바 없습니다."

 "그러나 명나라는 오랜 전쟁 경험으로 군사들의 사기가 충천해 있습니다. 우리 고려군은 아직 큰 전쟁을 할 만큼 강성하지 못합니다."

 "철령 이북 땅을 내주고 나라의 안정을 보장받는 것이

옳습니다."

신하들이 의견을 내놓았지만, 별 뾰족한 수가 없었다.

『고려사절요』에는 명나라 황제가 보낸 명을 이렇게 기록해 놓았다.

'고려가 짐의 약속을 듣기를 원하므로 해마다 말을 조공하게 하였더니 바친 말이 아무데도 소용이 없고, 또 어렵다고 호소하므로 내가 명령하기를 세공은 하지 말고 3년에 종마 50필씩만 바치라 하였는데, 가져온 말이 또 소용이 없었다. 뒤에 5천 필을 사 왔으나 모두 약하고 작아서 우리 말 한 필 값이면 그 말 두세 마리를 살 수 있었다. 지금 또 의관을 고친 사례로 말을 가져왔는데, 발굽이 거칠고 엉덩이 살만 풍만하였다. 기왕 바치는 것이면 어찌 이렇게까지 하는가.
이것은 반드시 사신이 오다가 서경에 이르러 팔아 바꿔서 온 것이다.

이미 장자온을 금의위에 가두었으니 해가 지난 뒤에 죄를 주겠다. 네가 돌아가서 집정대신에게 고하라. 짐이 이미 통상을 허락하였는데, 그대들 편에서는 도리어 분명한 증명서를 가지고 와서 무역하게 하지 않고, 은밀히 사람을 시켜 대창(大倉)에 와서 우리가 군사를 일으키는지 배를 만들고 있는지를 엿보고, 가서 소식을 알려주는 우리 편 사람에게 중한 상을 주니, 이것은 거리에 노는 어린아이의 소견이다. 지금부터는 조심하여 이와 같은 짓을 하지 말고, 또 사신을 보내지 말라.

철령 이북은 원래 원나라에 속하였으니, 모두 요동에 귀속시키고, 개원·심양·신주 등에 있는 군사와 백성은 생업을 회복하도록 들어주어라.'

하지만 모든 정권을 쥐고 있던 최영은 이미 요동정벌을 확고하게 굳힌 뒤였다.

"명나라는 힘이 강하지만, 우리 고려가 명나라를 공격할 기회는 이번이 마지막입니다. 명나라는 아직 나라의 기틀

을 제대로 잡지 못
해서 많이 혼란스
럽습니다. 우리 대
군이 요동을 정벌
한다면 반드시 승
리할 수 있을 뿐만
아니라, 명나라로

창덕궁 희우정(서울특별시 종로구)
창덕궁 후원에 있는 전각이다. 창덕궁 후원 주합루 서쪽에 서향각이 있고, 그 뒤편 언덕에 희우정이 있다. 정면 2칸으로 된 작은 전각으로, 왕의 열람실이었다고 한다.

하여금 우리 고려를 얕보지 못하게 할 수 있는 유일한 기회입니다."

최영은 강력하게 요동정벌을 주장했고, 우왕은 마침내 최영의 주장을 받아들였다.

"전국 5도의 각 성에 성을 수축할 것을 명한다. 또한 군사를 서북방면에 집중 배치하여 명나라의 급습에 대비하도록 하라! 개경의 방리군을 동원하여 한양의 중흥성을 축조하도록 하라!"

우왕의 중흥성 축조 명령은 전쟁이 시작될 경우 왕족을

그 성으로 이주시키기 위함이었다. 우왕은 전쟁을 준비하는 한편, 한 가지 중요한 결정을 내렸다.

"최영의 여식을 왕비로 맞이할까 한다."

우왕은 선왕(공민왕)의 죽음을 한시도 잊은 적이 없을 정도로 죽음에 대한 두려움이 컸다.

"최영을 내 측근으로 확정해야만 안심할 수 있다."

우왕은 최영과 혼인관계를 맺어 자신의 안전을 보장받으려 했다.

우왕은 칼을 손에 쥔 채 날이 새도록 잠을 자지 않을 때도 있었다고 한다.

"부왕께서 밤에 자다가 시해되었으니 내가 이를 매우 경계한다."

그런 말을 했을 정도로 측근에 대한 두려움이 많았던 것으로 보인다.

우왕이 최영의 딸을 왕비로 맞이한 일을 『고려사절요』에는 이렇게 기록되어 있다.

'우왕이 최영의 딸을 맞아들였다. 처음에 우왕이 최영의 딸을 들이고자 사람을 시켜 말하니 최영이 불가하다고 여겨 아뢰기를 "신의 딸이 못생겼고, 또 정실 소생이 아니기 때문에 항상 측실에 두고 있으니 지존의 배필이 될 수 없습니다. 전하께서 반드시 들이고자 하신다면 노신이 머리를 깎고 산으로 들어가겠습니다." 하고 울며 굳이 거절하였다. 부하 정승가·안소 등이 우왕의 뜻에 영합하여 마침내 최영의 뜻을 꺾었다.'

요동정벌 계획이 기정사실화 되자 공산부원군 이자송*이 최영의 집으로 찾아왔다.

"절대 요동정벌은 불가한 일입니다. 이 나라의 종묘사직을 보존하려면 제발 요동정벌 명은 거두게 하십시오."

이자송은 1362년 전법판서 때 원나라에 가서 홍건적의 평정을 전하였다. 이때 원나라에서 고려 왕으로 덕흥군을 책봉하고 호종을 명령했으나 이를 거절하고 숨은 후, 1364년 돌아와 밀직부사가 되었다. 1382년 수문하시중에 승진, 같은 해 우왕이 한양으로 천도하자 개경유수가 되고, 그 후 왕의 방탕을 간하여 파직, 뒤에 공산부원군에 봉해졌다. 1388년 요동정벌을 반대하여 임견미 일파로 몰려 살해되었다.

이자송은 간절하게 말했다.

"명나라의 철령위 설치에 대해 충분한 외교적 노력을 지속하면서 시간을 끌 필요가 있습니다."

이자송은 고려의 국력을 과신하고 무모할 정도로 급하게 전쟁을 감행하는 최영을 크게 염려했다. 하지만 최영은 물러서지 않았다.

"지금부터 요동정벌을 반대하는 자는 절대 용서하지 않겠다. 지금은 불가한 이유를 댈 때가 아니라 승리할 수 있는 계책을 내놓아야 할 때다!"

최영은 이자송을 곤장 1백7 대로 다스리게 했다.

"이자송의 죄목은 얼마 전에 문하시중 자리를 이용해 전횡을 일삼았던 임견미와 깊숙한 연관이 있기 때문이다!"

최영은 요동정벌을 반대하는 이자송을 임견미*일파로

임견미는 1361년(공민왕 10) 홍건적의 난이 일어나자 왕을 호종, 일등 공신이 되었다. 1368년 명나라 군대가 원나라 연경을 포위했다는 급보에 안주순무사가 되었으며 1370년 원나라 동녕부 토벌에 부원수로 참전했다. 1374년 제주 목호의 난이 일어나자 부원수로 토벌에 나섰다. 1380년 경복흥과 그 일당을 숙청하고 1384년 문하시중이 되어 전횡을 일삼다가 1388년 최영·이성계에게 살해되었다.

몰아세웠던 것이다. 최영은 이자송을 전라도 내상으로 귀양 보내라는 명을 내렸다가 이내 죽여 버렸다.

이자송은 퍽 청렴한 사람이었다고 한다. 최영이 이자송을 죽였다고 하자, 백성들은 이자송이 다시 정승이 되기를 바랐는데, 죽었다며 탄식했다고 한다.
최영이 많은 사람을 제거하자 이성계는 최영에게 사람을 보내 이렇게 말했다.
"죄의 괴수가 이미 멸족되고 흉한 무리가 이미 제거되었으니 지금부터는 형벌과 살육을 그치고 포용하는 명을 반포함이 마땅합니다."
그러나 최영은 이성계의 말을 듣지 않았다.

그런데 그 무렵에 서북면도안무사 최원지가 급한 정보를 보내왔다.
"명나라의 요동도사가 보낸 지휘관 두 명이 일천 명의

병력을 거느리고 철령위를 접수하기 위해 오고 있습니다!"

그런 데다 며칠 후에 명나라 후군도독부에서 요동백호 왕득명을 보내 철령위 설치를 통고했다. 그러자 판삼사사 이색이 백관을 거느리고 왕득명을 만났다.

"돌아가서 황제께 우리 고려의 입장을 잘 설명해 주십시오."

이색은 왕득명을 설득했지만, 왕득명은 단호했다.

"천자의 처분에 달려 있는 것이지 내 마음대로 할 수 없는 일이오."

왕득명이 물러서지 않자, 1388년 4월 18일, 마침내 우왕은 요동정벌 명령을 내렸다.

"문하찬성사 우현보는 개경을 지키도록 하라. 또 5부의 장정들을 징발하여 군대를 편성하도록 하며, 과인은 서해도로 가서 요동 진격을 준비하겠다!"

우왕은 한양의 중흥성으로 세자 창과 정비 및 근비, 그

외의 왕비들을 모두 옮겨 가도록 했다.

"고려는 요동정벌 계획에 따라 최영을 최고 지휘관인 팔도도통사로 하고, 조민수를 좌군도통사, 이성계를 우군도통사로 임명한다. 우군도통사 이성계는 평양에서 10만 대군을 이끌고 요동으로 진격하라!"

하지만 이성계는 요동 공격을 반대하며 '4대 불가론'으로 맞섰다.

"첫째는 소국이 대국을 거역하는 것은 불가한 일이고, 둘째는 여름에 군사를 동원하는 것은 농사에 지장을 초래하니 불가한 일이고, 셋째는 원정을 틈타 왜적이 침입할 우려가 있으니 불가한 일이고, 넷째는 장마로 인해 활에 먹인 아교가 풀릴 염려가 있으며 군사들이 전염병에 걸릴 우려가 있으니 불가한 일입니다!"

이성계는 강력하게 요동정벌을 반대하며 최영을 거듭 설득했다.

"제가 오늘 한 말을 다시 한 번 아뢰어 주십시오."

창덕궁(서울특별시 종로구)
조선 시대의 궁궐. 1405년(태종 5)에 완공되었으며, 면적은 43만 4877㎡다. 태종이 즉위한 후인 1404년(태종 4)에 한성의 향교동에 이궁(離宮)을 짓기 시작하여 이듬해에 완공하고, 창덕궁이라 명명하였다.

  이성계는 최영에게 우왕을 다시 설득해 줄 것을 간곡하게 당부했다.
  "그리하겠소."
  최영은 쉽게 대답했다. 하지만 최영은 우왕에게 전혀 다른 말을 했다.
  "원컨대 다른 말을 받아들이지 마십시오."
  요동정벌을 반대하는 신하들의 말을 귀담아 듣지 말라는 뜻이었다. 다음 날, 우왕은 이성계를 불렀다.
  "이미 군사를 일으켰으니 중지할 수는 없는 일이오."

"큰 계책을 성취하려면 대군을 서경에 머물게 하고 가을을 기다려 군사를 내면 곡식이 들에 널려 있어 대군의 양식을 충족할 수 있으니 북을 울리며 전진할 수 있습니다. 지금은 출병할 때가 아니니 비록 요동 한 성을 함락시킨다 하더라도 한창 비가 와서 군사가 전진할 수 없으니 군사가 태만해지고, 양식이 떨어지면 화만 초래할 뿐입니다."

이성계는 간곡하게 말했다.

"경은 이자송을 보지 못하였는가?"

그 말은 이자송처럼 요동정벌을 반대하다가 죽음을 당할 수 있다는 경고였다.

"이자송이 비록 죽었으나 아름다운 이름이 후세에 전해지겠지만 신 등은 비록 살아 있으나 이미 실책을 하게 되었으니 무슨 소용입니까?"

이성계는 부하들 앞에서 눈물을 흘리고 말았다.

"왜 그렇게 슬퍼하십니까?"

한 부하가 물었다.

"백성들의 불행이 이제부터 시작이로구나."

이성계만이 아니라 많은 사람들이 우왕과 최영의 요동정벌 계획을 염려했다.

"최영은 전쟁터를 누빈 뛰어난 장수인데, 신 군벌 세력의 동의도 얻지 못한 채 요동정벌을 한단 말인가."

"나라로 쳐들어오는 왜구를 몰아내느라 이미 우리 고려 국력이 많이 약해져 있는데, 명나라를 공격할 힘이 어디 있단 말인가."

"하루 입에 풀칠하기도 어려운 상황인데 어느 백성이 전쟁터로 나가려 하겠는가."

"설령 요동정벌을 성공한다고 해도 명나라가 가만있지 않고 반격을 해올 텐데, 그때는 어쩔 작정일까."

"조민수, 이성계에게 고려의 뛰어난 장수를 모두 딸려 보내고 있으니 장수들이 두 사람을 중심으로 뭉치게 되면 역성혁명도 어렵지 않다는 것을 왜 모를까."

위화도 회군과 고려의 멸망

요동정벌에 출병한 병력 수는 좌우군을 합쳐 총 5만여 명, 동원된 말은 2만 1,682필이었다.

그러나 군사의 사기를 위해 10만 병력이라고 소문을 냈다고 한다.

그 일은 『고려사절요』에 이렇게 기록되어 있다.

'임술일에 조민수는 좌군을 거느리고 이성계는 우군을 거느리고 평양을 출발하면서 군사를 10만이라 군호(軍號)하였다.'

마음이 다급했던 최영은 자신도 대군을 따라가 독려하겠

다고 했지만 우왕이 말렸다.

"경이 가면 누구와 정사를 논하겠는가?"

"지금 대군이 길에서 만일 한 달간이나 지체한다면 큰일을 이룰 수 없으니 신이 가서 독려하도록 허락해 주십시오."

"그렇다면 나도 가겠소."

그런데 한 사람이 최영을 찾아와 이렇게 말했다.

"근자에 제가 요동에 갔었는데, 요동 군사가 모두 오랑캐를 치러 가고 성중에는 다만 지휘하는 자 한 명이 있을 뿐이니 만일 대군이 요동을 공격하면 싸우지 않고 항복을 받을 것입니다."

"그것 참 기쁜 소식이로구나!"

최영은 크게 기뻐하며 그에게 많은 상을 내렸다.

대군이 요동으로 출발한 뒤에도 우왕은 음란과 살육을 거침없이 자행했다. 우왕은 영비(최영의 딸)와 함께 부벽루에 나가 활을 쏘기도 하고 격구를 하기도 했다. 그러다 말 기르는 사람이 못마땅한 행동을 하자 불같이 화를 냈다.

태조의 건원릉(경기도 구리시)
동구릉 안에 있는 조선 초대 왕 태조의 무덤이다.

"감히 왕인 내 기분을 상하게 하다니! 저 놈을 당장 죽여라!"

그러자 최영이 말렸다.

"사람을 함부로 죽이시면 안 됩니다."

"경은 사람 죽이기를 좋아하면서 왜 나에게는 금하는가?"

우왕이 따지듯 물었다.

"신이 사람을 죽이는 것은 부득이하여 하는 것입니다."

최영이 강하게 나오자 우왕은 뒤로 물러섰다. 하지만 화를 참지 못하고 기어이 말 기르는 사람의 목을 베게 했다.

그 무렵에 요동정벌을 나섰던 좌우군은 압록강을 건너

하중도인 위화도에 머물고 있었다.

"도망치는 군사가 너무도 많아 길에 널려 있을 지경입니다."

"도망치는 군사는 장소를 가리지 말고 목을 베라는 명을 내렸는데도 도주하는 숫자가 날이 갈수록 늘어나고 있습니다."

좌우군의 보고는 모두 암담한 것뿐이었다. 그런 데다 설상가상으로 느닷없이 비가 쏟아져 강물이 무섭게 불어나기 시작했다.

보고를 받은 최영은 위화도로 달려갈 준비를 서둘렀다.

"전하는 서울로 돌아가시고, 조신이 여기에서 장수들을 지휘하겠습니다."

최영이 다시 청했지만, 우왕은 마음을 바꾸지 않았다.

"선왕(공민왕)께서 해를 당한 것은 경이 남정(南征)하였기 때문이었소. 경이 개경에 그냥 있었다면 선왕께서는 그토록 처참한 변을 당하지 않았을 것이오. 내가 어찌 감히 하루라도 경과 함께 있지 않을 수 있는가?"

 그런데 좌우군도통사인 조민수와 이성계로부터 상소가 올라왔다.

 '신등이 뗏목을 타고 압록강을 건너니 앞에 큰 내가 있는데 비가 내려 물이 넘쳐 첫째 여울에서 휩쓸려서 빠진 자가 수백 명입니다. 둘째 여울은 더욱 깊어 섬 가운데에 머물러 둔을 치는 것은 한갓 양식을 허비할 뿐입니다. 여기에서 요동성에 이르는 사이에 큰 내가 많아서 무사히 건널 것 같지 않습니다.(중략)

작은 나라로서 큰 나라를 섬기는 것은 나라를 보전하는 도리인데, 우리나라가 삼한을 통일한 이래로 부지런히 대국을 섬겼고, 현릉께서 명나라에 복종하고 섬겨 그 표문에 이르기를 "자손만대가 되도록 길이 신첩이 되겠다." 하였으니 그 정성이 지극하였습니다.(중략)

지금 무덥고 장마가 져서 활이 풀리고 갑옷이 무거워 군사와 말이 함께 지쳤으니 몰아서 견고한 성 밑에 다다르면 싸워도 반드시 이기지 못하고 쳐도 반드시 빼앗지 못할 것입니다. 이때를 당하여 군량이 공급되지 못하고 진퇴가 곤란하게 되면 장차 어떻게 대처하겠습니까? 엎드려 바라건대 전하께서는 특별히 회군을 명령하여 삼한 백성의 기대에 맞추소서.'

하지만 우왕과 최영은 좌우군도통사의 청을 무시했다.
"내시 김완은 즉시 위화도로 달려가 빨리 진군하라고 독촉하도록 하라!"
우왕과 최영은 김완에게 명령하여 금과 비단, 말 등을 위화도로 보내며 진군을 독촉했다.
조정에서 회군 명령을 내리지 않자, 군영에서는 헛소문이 돌기 시작했다.
"이성계가 휘하 군사를 거느리고 동북면으로 향하려고 이미 말에 올랐다!"
동북면은 이성계가 중앙으로 들어오기 전에 활동하던 곳

이었다. 그 소문은 순식간에 군영 전체로 퍼져 나갔고, 놀란 조민수는 자신이 상관이라는 사실도 잊은 채 한걸음에 달려와 눈물로 호소했다.

"공이 떠나면 우리는 어디로 가란 말인가?"

조민수의 호소에 이성계는 난감한 표정으로 말했다.

"내가 어디로 간단 말인가. 공은 이러지 마시오."

조민수와 이성계는 다시 최영에게 사람을 보내 회군 명령을 요청했지만 소용없었다. 마침내 이성계는 회군을 결심했다.

"만일 중국의 지경을 범하여 천자께 죄를 얻으면 종사와 백성에게 큰 화가 미칠 것이다. 그동안 회군을 요청하는 글을 올렸지만, 왕이 살피지 못하고, 최영이 또 늙고 어두워 듣지 않으니, 어찌 그대들과 함께 들어가서 왕을 뵙고 친히 화와 복을 진달하고, 왕 옆의 악한 사람(최영)을 제거하여 생령을 편안히 하지 않겠는가!"

이성계가 회군 결심을 굳히자 장수들이 입을 모아 그 의

경복궁 경회루 정자(서울특별시 종로구)
경복궁의 서쪽 방지(方池) 안에 세워진 누(樓). 용마루를 높여 웅대하게 보이도록 하기 위해 지붕의 물매가 급하고, 측면 지붕에는 큰 합각의 삼각형이 생겼는데, 건물 평면이 커서 시각적으로 조화를 이루고 있다.

견에 좇았다.

"동방 사직의 안위가 공에게 달려 있으니 감히 명령대로 하지 않겠습니까!"

"명령만 내리소서!"

위화도 회군의 그 순간을 『고려사절요』에는 이렇게 기록되어 있다.

'군사를 돌이켜 압록강을 건너는데 이성계가 백마를 타고 붉은 활과 백우전을 메고 강 건너에 서서 군사가 다 건너기를 기다리고 있었다. 군중에서 바라보고 서로 말하기를 "예부터 이와 같은 사람이 있지 않았고, 지금 이후로도 어찌 다시 이런 사람이 있을까." 하였다.

이때 장마가 며칠이 되어도 물이 넘치지 않았는데 군사가 건너고 나자, 큰물이 갑자기 닥쳐 온 섬이 잠기므로 사람들이 모두 신기하게 여겼다.

이때 동요에 '목자득국(木子得國)'이라는 말이 있어 군사와 백성이 늙은이, 젊은이 할 것 없이 모두 노래하였다.'

목자(木子)란 바로 이(李)자를 위아래로 나눈 것으로, 이성계를 지칭했다고 볼 수 있다.

조전사 최유경은 급히 봉주에 머물고 있던 우왕에게 달려가 위화도 회군 사실을 전했다.

"뭐라고! 좌우군이 회군을 해? 이건 역모다!"

우왕은 급히 말을 몰아 개경으로 향했다. 그리고 최영을 불러 좌우군을 진압하라는 명을 내렸다.

"정벌하러 갔던 여러 장수가 제 마음대로 회군하였으니 너희 대·소 군민들은 마음을 다하여 막으면 반드시 크게 상을 주겠다!"

우왕은 백성들에게 회군 장수들을 붙잡아오는 사람에게 상과 작위를 주겠다는 포고문을 발표했다.

그 무렵에 이방원은 개경에 있었다.

"뭐라고! 아버지께서 회군을 단행하셨다고!"

전리정랑 자리에 있던 이방원은 상황을 정확하게 파악하려고 애썼다. 그야말로 일촉즉발의 상황이었다.

"최영은 회군하는 장수 가족들을 인질로 잡을 수도 있다. 몸을 피해야 된다. 그래야 아버님께서 안전하다!"

이방원은 서둘러 대궐을 나왔다.

"집으로 가서는 안 된다. 이미 집에는 군사들이 와 있을 수 있다."

이방원은 곧바로 포천을 향해 달렸다. 친모인 한씨는 경기도 포천 재벽동의 농장에 머물고 있었고, 계모 강씨는 철현에 있는 농장에 머물고 있었다.

"어서 몸을 피하셔야 합니다. 어서요!"

이방원은 한씨와 강씨를 재촉해 농장을 빠져나왔다.

"최대한 우리 몸을 안전하게 보호할 수 있는 곳은 함흥이다. 그곳으로 가야 된다."

이방원은 이씨 집안의 오랜 군사적 근거지가 있는 함흥으로 달렸다.

"우리를 체포하려고 군사들이 달려오고 있답니다."

철원을 지날 때 관아의 군사들이 달려오고 있다는 소식이 들려왔다.

"인가에 들르지 말고 밤을 틈타서 계속 걸어야 합니다."

이방원은 한씨, 강씨 두 어머니를 보호하며 길을 재촉했다. 군사들 눈을 피해 풀밭에서 잠을 자기도 했다.

이방원을 따르던 장정 100명이 상황을 몹시 두려워했다. 이방원은 장정들을 모아놓고 당당하게 말했다.

"최영은 일을 모르는 사람이니 반드시 나를 추격하지 않을 것이다. 설사 오더라도 나는 조금도 두렵지 않다."

이방원은 이천의 한충 집에서 몸을 피했다. 그리고 그 집에서 7일간 머물렀다.

그 무렵에 개경 바닥에서는 한 치 앞을 내다볼 수 없을 정도로 긴박한 상황이 벌어지고 있었다.

"이성계 집으로 달려가 그 가족을 끌고 와라!"

정몽주가 지시를 내렸을 때는 이미 늦은 뒤였다.

"이방원이 가족 모두를 피신시켰습니다!"

"아뿔싸! 내가 한 발 늦었구나!"

이성계와 조민수는 우왕에게 최영을 내보내 줄 것을 요구했지만, 우왕이 그 요구를 받아들일 리 만무했다.

"불가피하게 일전을 치르더라도 최영은 내줄 수 없다!"

우왕의 진압 의지가 확고하다는 것을 확인한 여러 장수들이 이성계를 재촉했다.

"급히 추격하면 반드시 승리할 수 있는데 어찌 이리 더디게 움직이십니까?"

그 말에 이성계는 단호하게 말했다.

"빨리 가면 반드시 싸울 터이니 사람을 많이 죽이게 된다."

 이성계는 군사들에게 단단히 일렀다.

 "너희들이 만일 승여(乘輿, 임금이 탄 말이나 가마)를 범하면 내가 너희를 용서하지 않겠다! 백성의 오이 한 개라도 빼앗으면 역시 죄를 받을 것이다!"

 이성계는 일부러 사냥을 하는 등 시간을 지체했다. 이성계와 조민수는 우왕에게 사람을 보내 최영을 제거하지 않으면 전란이 일어날 것이라고 통보했지만, 우왕은 아랑곳하지 않았다.

 "지문하사 유만수는 숭인문을 공략하고, 좌군은 선의문을 공략한다!"

 마침내 이성계는 공격 명령을 내렸다. 최영은 군사를 이끌고 회군 군사들과 맞서 싸웠지만, 이미 대세는 회군 병력에게 기울어져 있었다.

 "궁성 병력은 수적으로 불리한 데다 이성계의 위세에 눌려 전의를 상실하고 있구나."

우왕은 서둘러 서울로 돌아와 화원으로 들어갔다. 최영도 병사들을 우왕이 머물고 있는 화원으로 철수시켰다.

"항복하라!"

"죄인 최영을 내놓으시오!"

회군 병력은 화원을 겹겹이 둘러싸고 항복을 요구했다. 그리고 화원의 담을 무너뜨리고 안으로 밀어닥친 곽충보 등이 최영을 붙잡았다.

그 순간을 『고려사절요』에는 이렇게 기록되어 있다.

'우왕이 최영의 손을 잡고 울며 이별하니, 최영이 두 번 절하고 곽충보를 따라 나왔다.

이성계가 최영에게 말하기를 "이러한 사변이 나의 본심은 아니오. 그러나 국가가 편안하지 못하고 백성들이 피곤하여 원망이 하늘에 사무쳤기 때문에 부득이한 일이니 잘 가시오. 잘 가시오." 하고 서로 대하여 울었다.'

예전에 이인임은 최영에게 이성계를 두고 장차 왕이 되려 할

창덕궁 반도지(서울특별시 종로구)
창덕궁 후원에 있는 연못. 연못가에는 우리나라에서 유일하게 합죽선 모양의 정자인 관람정이 있다. 한반도처럼 생겼다 하여 반도지라 불리다가 관람지로 명칭이 바뀌었다.

것이니 조심하라는 충고를 했다고 한다. 그러나 그 무렵에 최영은 이성계를 크게 신임하고 있었기 때문에 그 말을 무시했다. 그러다 이성계가 위화도 회군을 감행하자 "이인임의 말이 참으로 옳다." 하면서 탄식했다고 한다.

그렇게 해서 최영과 우왕이 추진했던 요동정벌 계획은 무위로 끝났다.

7일 동안 한충의 집에 머물렀던 이방원은 상황이 종료되었다는 소식을 듣고 다시 개경으로 돌아왔다.
 최영이 사라진 고려의 병권은 이성계의 손으로 고스란히 들어갔다.

 귀양 길에 오른 최영은 고향인 고봉현(고양)에 머물러 있다가 다시 합포와 충주로 이배되었다. 그리고 1388년 12월에 개경으로 압송되어 참수되었다.
 이성계와 조민수는 우왕을 폐위하고 영비(최영의 딸)와 함께 강화도로 유배했다.
 최영의 딸인 영비는 우왕이 폐위된 뒤에 우왕과 함께 강화도로 유배되었다. 또한 이듬해 11월 우왕이 강릉으로 이배되자 함께 이배되었다. 그리고 그 해 12월에 우왕이 살해되자 그녀는 우왕의 시체와 함께 생활했다고 한다.
 그 상황을 『고려사』에는 이렇게 기록해 놓았다.
 '그녀는 10여 일이나 음식을 먹지 않고 밤낮으로 곡하였으며, 밤이면 반드시 우왕의 시체를 끌어안고 잤다. 그리고 혹

곡식을 얻으면 정성껏 밥을 지어 올리고는 하였는데, 그녀의 이런 모습을 사람들은 가련하게 여겼다.'

최영과 우왕의 요동정벌 계획이 실패한 것은 조민수, 이성계 등의 신 군벌 세력의 동의를 얻어내지 못한 것을 가장 큰 원인으로 꼽고 있다. 또한 그 무렵의 고려 군사력으로 명나라 공격은 역부족이었다고 보고 있다. 그 무렵에 고려는 왜구의 침입으로 전국이 전쟁 상태였고, 백성은 극심한 가난에 시달리며 지내고 있었다. 또한 이겼다고 해도 명나라는 반드시 반격을 해올 것이고, 그렇게 되면 고려의 군사력으로는 명나라 대군을 이겨낼 능력이 부족하기도 했다. 그렇듯 신 군벌 세력의 동의를 얻지 못한 채 요동정벌을 감행했던 우왕과 최영은 조민수와 이성계에게 회군의 빌미를 제공하고 말았던 것이다.

이성계와 조민수의 대결

위화도 회군이 끝난 뒤, 이성계의 주위로 수많은 사람들이 구름 떼처럼 몰려들었다.

그때 이방원의 나이 22세였다.

"너는 열한 살부터 나를 따라 전쟁터를 누볐고, 열여섯 나이에 급제를 했다. 성리학으로 무장한 신진 기예들과 어울리며 현실에 대한 비판적인 안목을 키우는 데 게으름이 없어야 한다."

이성계는 어린 나이에 급제를 하여 당대 새로운 학문인 성리학으로 무장한 신진 세력과 어깨를 나란히 하고 있는 이방원을 몹시 자랑스러워했다.

하지만 이성계와 조민수의 독주를 크게 염려하는 사람도

많았다.

"권력은 부자지간에도 나눠 가질 수가 없다 했는데, 앞으로 이성계와 조민수의 패권 다툼이 나라를 어지럽게 하겠구나."

"두 마리 호랑이가 싸우는 일이니 어느 한 쪽이 죽기 전에는 끝나지 않는 싸움이 시작될 거야."

결국 예상대로 우왕이 강화도로 유배를 떠난 뒤, 조민수와 이성계는 왕을 세우는 문제로 충돌을 빚었다.

"차기 왕은 왕씨 종친 중에 한 사람을 택하여야 합니다."

"무슨 소리입니까. 전왕(우왕)의 아들 창을 왕으로 세워야 마땅합니다."

이성계는 종친 중에서 왕을 뽑기를 원했고, 조민수는 창을 왕으로 세우기를 원했다. 조민수를 천거한 사람은 이인임이었다. 창은 이인임의 외종형제인 이림의 딸 근비의 소생이었다.

그러나 이미 조정의 세력은 이성계에게 몰리고 있었고,

봉원사 단청(서울특별시 서대문구)
신라 말기 진성여왕 3년인 889년에 도선이 지은 것으로 전해진다. 당시의 이름은 반야사였다. 이후 고려 공민왕 때에 보우가 크게 중창하였다. 조선 태조가 불교에 심취했을 때에 삼존불을 조성해 봉원사에 봉안하였고, 사후에는 태조의 초상이 봉안되기도 했다.

다급해진 조민수는 이색을 찾아갔다.

"누구를 왕으로 세우는 것이 옳습니까?"

조민수의 말에 이색은 별로 망설이지 않고 대답했다.

"당연히 전왕의 아들인 창을 왕으로 세워야하지 않겠소?"

"그렇다면 다른 장수들이 내 뜻을 어기고 왕씨를 세울까 두려우니 익비(공민왕의 제3비)를 찾아가 교지를 내리도록 해 주십시오."

이색은 조민수의 청을 받아들여 익비를 찾아갔다. 익비는 두 사람의 청을 받아들여 창을 고려 제33대 왕으로 삼는다는 교지를 내렸다.

 일찍이 조민수와 이성계는 위화도 회군을 할 때에 '다시 왕씨의 후손을 세우자'고 약속을 한 적이 있었다. 그런데 세력이 밀리는 것을 두려워한 조민수가 익비를 앞세워 창을 옹립했던 것이다.

 "회군할 때에 한 말은 어찌 된 것인가?"

 이성계가 묻자 조민수는 얼굴을 붉히며 말했다.

 "원자를 세우는 것은 한산군 이색이 이미 계책을 정했으니 어떻게 어길 수 있는가."

 조민수는 슬그머니 모든 책임을 이색에게 돌렸다. 그렇게 해서 아홉 살 창이 보위에 오르자 조민수는 즉각 유배를 가 있던 이인임과 이숭인을 불러들일 것을 요청했다.

 "이인임과 이숭인 세력만 내 곁에 있다면 이성계 따위는 절대 나를 이길 수 없다."

 조민수는 이성계보다 더 막강한 세력이 필요했고, 그러자면 이인임과 이숭인이 곁에 있어야 했다.

그 소문이 나자 많은 사람들이 걱정을 했다.

"이인임을 불러들인다고? 나라 정사를 어지럽히고 또 백성의 재물을 빼앗는 문을 이인임에게 다시 열어놓으려 한단 말인가."

하지만 이미 이인임은 유배지에서 숨을 거둔 뒤였다.

"이인임 세력이 막강해 벌을 내리지 못하니, 하늘이 노해서 그를 죽였구나!"

비록 조민수의 전략대로 창이 왕위에 올랐지만, 그렇다고 이색과 조민수가 조정을 장악한 것은 아니었다. 이성계는 정도전, 조준 같은 신진 세력과 함께 손을 잡고 개혁을 단행할 움직임을 보였고, 많은 신진 관료들이 찬성하고 있었다.

신진 관료들이 이성계를 중심으로 모여들자, 이색이 이성계 제거 방법을 찾았다.

"내 손에 고려 사직의 운명이 달려 있다. 명나라에 도움을 청해 왕권을 넘보는 이성계를 막아야 된다."

이색은 10월에 명나라로 출발하는 하정사(신년 축하 인사차 가는 사신)를 자청했다. 그때 이색의 나이 예순한 살이었다.

"연세가 많아 그 먼 뱃길을 가기에는 무리입니다."

"다른 젊은 사람들에게 맡겨도 될 일을 왜 자청하십니까?"

주변에서 이색의 결정을 막았지만, 이색은 단호했다.

"고려 땅에 가만히 앉아 있어도 죽을 일이다."

그런데 이색은 엉뚱한 제안 한 가지를 했다.

"이방원을 서장관 자격으로 수행하도록 하겠습니다."

서장관이란 사신단에 포함되는 직책으로 공식적인 사신 활동을 기록하는 일을 맡았다.

"이방원은 관직에 들어온 지 5년밖에 안 된 신출내기입니다. 그런데 어찌 그런 막중한 임무를 맡기십니까?"

"젊은 이방원에게는 벅찬 자리입니다."

모두들 이색이 이방원을 서장관으로 임명한 것을 이해하

지 못했다. 하지만 이색은 이방원을 인질 형식으로 선택했던 것이다.

"이성계는 아들 중에서 이방원을 가장 아낀다. 가장 뛰어난 아들을 묶어둔다면 내가 명나라를 다녀오는 동안만이라도 역성혁명을 일으키지 못한다. 또한 비밀리에 명나라에서 고려에 관리를 파견하게 하여 고려 조정의 상황을 감시하게 한다면 이성계를 막을 수 있다."

이색은 제자인 이숭인을 불러 은밀히 타일렀다.

"내가 떠나고 나면 곧바로 다른 일행의 사신을 명나라에 급파하도록 하라. 그래서 명나라 황제가 고려 국왕의 친조를 명하도록 손을 써야 된다."

"명나라 황제가 친조를 요구할 경우 지금 왕(창왕)이 명나라로 들어가야 될 것이고, 그렇게 되면 자연스럽게 명나라에서 지금의 왕을 인정하는 것이 되겠군요."

"그렇지. 그렇게만 된다면 이성계가 제아무리 막강한 힘을 지녔어도 나라를 뒤엎을 엄두를 못 낼 것이다."

이색의 지시를 받은 이숭인은 그 해 11월, 또 다른 사신이 명나라로 향하도록 손을 썼다. 그런데 그 사신 일행 중에는 이성계의 장남인 이방우가 포함되어 있었다.

이방우는 부사 자격으로 명나라 사신으로 떠났다 돌아오면서 황해도 해주의 한적한 곳으로 숨어 들어갔다. 아버지 이성계가 혁명할 뜻이 확고하다는 것을 파악했던 것이다.
그 뒤에 술과 함께 지내며 은둔생활을 하다가 일찍 생을 마감했다고 한다.

그러나 이색의 계획과 달리 명나라 황제는 고려 사절단을 반기지 않았다.
"고려는 마음대로 왕을 내쫓고 새 왕을 내세우면서 왜 우리 명나라가 관여하기를 바라는가?"
이색을 만난 명나라 황제는 고려 왕의 친조 요구에 대해서도 냉담했다.

"고려의 새 왕은 절대 명나라에 들어오지 못하게 하라!"

명나라 황제는 이색을 보고 노골적으로 무시했다.

"이 노인 얼굴은 그림 그릴 만하구나."

명나라 황제의 부정적인 반응에 이색은 크게 좌절했다..

"이제 고려는 끝이 났구나."

이방원은 이색을 따라 명나라에 6개월을 머물렀다. 그동안 참으로 많은 것을 느낄 수 있었다.

"명나라는 20년밖에 안 된 신생국이지만 참으로 거대한 나라다. 또한 우리 고려가 얼마나 작은 나라인지 절실하게 알겠구나. 우리 고려가 살길은 명나라와 함께 하는 것뿐이다."

이방원은 이색에 대해서도 정확하게 파악했다.

"이색은 고려를 지키기 위해서라면 목숨도 아끼지 않는 사람이다. 이색과 손을 잡는 일은 절대적으로 불가능하다."

이방원은 이미 이성계의 역성혁명을 꿈꾸고 있었고, 그

런 과정에서 이색은 큰 걸림돌이 될 것임을 직감했다.

이색은 고려로 돌아온 뒤, 사람들에게 이렇게 말했다.
"지금의 황제는 주견이 없어서 내가 맘속으로 황제가 이 일을 반드시 물을 것이라고 한 것은 묻지 않고, 황제가 물은 것은 모두 내가 생각했던 바와 다른 것들이었다."
『연려실기』에는 당시의 배경을 이렇게 설명해 놓았다.
'이색이 명나라에 사신으로 갈 것을 자청한 것은 장차 어떤 계획이 있었던 까닭에 태조(이성계)가 의심할까 두려워서 태종(이방원)을 데리고 갔던 것이다. 명 태조가 보고 우리나라를 붙들어 보호하여 달라는 뜻을 말하였으나, 황제가 일부러 알아듣지 못한 체하였다고 한다.'

이색이 명나라행 목적에서 실패했지만, 이번에는 조민수가 이성계 목을 조이기 시작했다.
조민수는 자신이 옹립한 창왕을 조종해 자신은 경기·전

라·충청·경상·황해도 일대를 책임지는 도통사로 임명하게 하고, 이성계는 평안도, 함경도, 강원도 일대를 책임지는 도통사로 임명하게 했다.

"참으로 가관이로구나. 어째서 내가 변방으로 다시 밀려나야 된단 말이냐!"

이성계는 크게 분노하며 그 직을 맡지 않았다. 조민수에 대한 불만 표시였다. 그리고 자신의 측근인 조준을 움직여 조민수를 탄핵했다.

"권문세족의 권력기반인 사전을 개혁해야 합니다."

조준의 상소는 토지를 기반으로 하고 있던 권문세가들의 강력한 반대에 부딪힐 수밖에 없었고, 그 중앙에는 조민수가 있었다.

"조민수는 권력을 이용해 힘없는 백성의 땅을 빼앗고, 심지어 대사헌 조준의 상소까지 막으려 하고 있으니 당장 그를 엄벌에 처해야 합니다."

조준의 상소와 함께 이성계 세력이 창왕을 강하게 압박

했고, 결국 그 해 조민수는 자리에서 물러났다.

"조민수를 경상도 창령으로 귀양 보내도록 하라!"

조민수의 유배는 이색의 몰락과 창왕의 몰락을 의미했다.

경복궁 효자각(서울특별시 종로구)
이 건물은 원래 허권의 후손이 사는 전라북도 부안의 살림집 안에 있었으나, 2005년에 홍수로 손상되는 등 관리하기가 어려워 2006년에 경복궁으로 옮겨 보존하게 되었다.

"우왕과 창은 신돈의 자식이니 왕씨가 아니다. 진짜 왕씨를 왕위에 앉히는 것이 마땅하다."

이성계는 폐가입진, 즉 가짜를 폐하고 진짜를 세운다는 논리로 창왕을 폐하고, 신종의 7세 손인 공양왕을 왕위에 올렸다.

"정창군(공양왕)은 재산에만 관심이 있고 매사 우유부단하니 이성계의 세력 앞잡이로 적합한 인물이지."

"정창군은 이성계의 먼 인척이 아닌가. 이제 이성계가 완전히 정권을 움켜쥐겠구먼."

"머잖아 왕씨가 아닌 이씨가 왕위에 오르겠지."

사람들의 우려대로 고려는 빠른 속도로 멸망의 길을 걷기 시작했다.

그렇지만 조정에는 아직도 반 이성계 세력이 많았다.

"우리들이 왕을 보호하지 않으면 고려 사직이 무너진다."

조정에서 최영 세력은 제거되었지만, 고려의 중신들은 정몽주를 중심으로 뭉쳐 있었다.

고려의 마지막 충신 정몽주의 죽음

 명나라에 입조했던 세자가 귀국한다는 연락이 오자, 이성계가 해주로 마중을 나갔다. 그런데 그만 사냥을 하다가 낙마해서 중상을 입고 말았다. 한동안은 개경으로 돌아올 수 없을 정도로 큰 중상이었다.

 "이때다! 하늘이 고려를 살리고 있구나!"

 이성계 세력을 제거할 기회를 엿보던 정몽주는 즉시 창왕을 찾아갔다.

 "당장 이성계의 측근인 정도전, 조준, 남은 등을 유배 보내십시오!"

 정몽주는 이성계의 측근들을 유배지에서 죽인 뒤에 이성계를 칠 계획이었다.

이방원은 정몽주가 공양왕에게 압박을 넣어 이성계 오른팔 모두를 잡아들여 국문한 뒤에 멀리 유배를 보내자, 크게 불안해 했다.

"속히 아버지께서 돌아오시지 않으면 모든 것이 끝장이다. 유배 떠난 정도전, 조준, 남은은 물론이고 우리 집안이 멸족을 당하겠구나."

이방원은 말을 달려 이성계를 찾아갔다.

예성강 변의 벽란도에서 장기간 머물고 있던 이성계는 느닷없이 찾아온 이방원을 보고 몹시 놀랐다.

"서둘러야 합니다! 죽느냐 사느냐 하는 문제가 아버지께 달려 있습니다."

"이 몸으로 어떻게 개경으로 간단 말이냐?"

"안 됩니다. 가셔야 됩니다! 가셔서 귀양지에서 죽을 날만 기다리고 있을 정도전, 조준, 남은 등을 살려야 합니다! 그들을 그냥 죽게 놔두실 겁니까?"

결국 이성계는 이방원에게 강제로 끌려가다시피 개경으

로 향했다.

"죽고 사는 것은 다 천명에 달려 있으니 순리에 따를 뿐이다. 너무 서두르지 마라."

이성계는 그런 위급한 상황에서도 이방원을 타일렀다.

이성계가 돌아왔다는 소식에 정몽주는 크게 당황했다.

"아뿔싸! 이렇게 빨리 돌아올 줄은 몰랐다!"

정몽주는 이성계 등장을 몹시 두려워했다.

"이렇게 오백 년의 고려 사직이 이성계 손에 무너질 수밖에 없는가."

이성계가 개경으로 돌아오자, 이방원은 정몽주 제거 계획을 세웠다. 이방원은 현실을 정확히 파악했다. 이미 온 나라에 이씨가 왕위에 올라야 한다는 소문이 무수히 떠돌고 있었고, 이성계의 위화도 회군으로 군권은 완전히 이성계 손아귀에 들어와 있었다.

"임금은 하늘이 정해 주는 일이다. 아버지께서는 하늘이 내린 왕이다. 그 기회를 정몽주로 인해 잃을 수는 없다."

회룡포
회룡포는 낙동강 지류인 내성천이 용의 비상처럼 물이 휘감아 돌아간다 하여 붙여진 이름으로 190m의 비룡산을 다시 350도로 되돌아서 흘러나가는 육지 속의 섬마을이다. 맑은 물과 백사장이 어우러진 천혜의 경관을 자랑한다.

야망이 큰 이방원은 정몽주 제거를 서서히 계획했다.

그런데 이방원의 계획을 눈치챈 변중량이 정몽주에게 그 사실을 알렸다. 변중량은 이성계의 이복형인 이원계의 사위로, 이원계와 이성계 사이는 그다지 원만하지 못했다.

"앉아서 당할 수는 없다. 이성계는 나를 죽이지 않을 것이다. 이성계를 찾아가 동태를 살펴봐야 되겠구나."

정몽주는 이성계를 찾아갔다.

"그동안 별고 없으셨지요?"

이성계도 아무 일 없었다는 듯이 술과 음식을 내어 정몽주를 대접했다.

"많이 다쳤다고 해서 걱정했는데 이만하길 천만 다행입니다."

정몽주는 편안하게 이성계를 대했다.

그날, 이방원은 정몽주의 마음을 떠보기 위해 시 한 수를 읊었다.

'이런들 어떠하리 저런들 어떠하리.
만수산 드렁칡이 얽혀진들 그 어떠하리.
우리도 이같이 하여 백 년까지 누리리라.'

이방원은 시를 통해 정몽주가 절개를 굽힐 것을 은근히 전달했다. 그것은 이성계가 당대의 명현으로 백성의 존경을 한몸에 받고 있는 정몽주를 끌어들이고 싶어 한다는 것을 잘 알고 있었기 때문이다. 정몽주는 이방원이 채운 술잔을 비우고 조용히 화답했다.

'이 몸이 죽고 죽어 일백 번 고쳐 죽어

 백골이 진토되어 넋이라도 있고 없고

 님 향한 일편단심이야 가실 줄이 있으랴.'

 정몽주의 〈단심가〉 속에는 목숨을 내놓고서 절개를 지키겠다는 의지가 확고했다.

 "정몽주의 뜻을 돌이킬 수가 없겠구나."

 결국 이방원은 최후의 수단을 쓰기로 결심했다. 정몽주가 돌아간 뒤, 이방원은 이성계에게 자신의 뜻을 전했다.

 "정몽주를 제거하겠습니다. 허락해 주십시오."

 그 말에 이성계는 불같이 화를 냈다.

 "포은(정몽주)은 안 된다! 그 사람은 고려를 위해 태어난 충신이다. 충신을 죽인 죗값을 어찌 다 받을 작정이냐?"

 "포은이 있는 한 우리 모두 무사할 수 없습니다!"

 "역사적으로 충신을 죽인 죄인으로 기록되고 싶은 것이

냐?"

이성계는 단호했다. 다급해진 이방원은 이성계와 의형제를 맺은 이지란을 설득했다.

"어찌 도덕군자요, 명현인 그를 살해하려는 것인가. 이 사람은 비록 무식한 사람이지만 그 일에는 절대 참여하지 않겠다."

이지란은 탄식하며 이방원을 말렸다. 난감해 하는 이방원에게 용기를 준 사람은 숙부인 이화였다.

"몽주를 죽일 때는 지금이다!"

이성계의 이복동생인 이화는 종친 중에서 변함없이 이방원을 지켰다고 한다. 조선이 건국 되고 나서 이화는 의흥친군위의 최고사령관으로 군사를 총괄하고 있었다. 이화는 이방원이 어려움에 처할 때마다 그 곁을 지키며 많은 도움을 주었다. 그래서 훗날, 이방원이 보위에 오른 뒤, 이화는 개국 · 정사 · 좌명 3공신에 올라 당시 가장 많은 땅과 재산을 가졌다고 한다.

마침내 이방원은 결심을 했다.

"할 수 없다. 정몽주는 내가 처리한다! 역사적으로 충신을 죽인 죄인으로 기록되는 일은 내가 맡는다!"

이방원은 자신의 심복인 조영규, 조영무, 고여, 이부 등 45명을 불렀다.

"선죽교를 건너기 전에 정몽주를 없애라!"

이방원의 집을 나선 정몽주는 성여완의 집을 잠깐 들렀다. 정승을 지낸 성여완은 정몽주의 오랜 벗이었다. 그런데 성여완은 출타 중이었다.

"주인은 출타했지만, 술을 한 잔 얻어 마셔야 되겠구나."

정몽주는 하인을 불러 술을 내오게 했다. 그리고 술을 서너 잔 마셨다.

"그대도 한 잔 걸치게. 이 집 술맛은 참으로 유별하다네."

정몽주는 함께 동행한 녹사 김경조에게도 술을 권했다. 그런데 성여완의 집을 나온 정몽주는 말을 거꾸로 탔다.

"어찌하여 거꾸로 말을 타십니까?"

김경조가 물었다.

"부모님께 물려받은 피와 살이니 맑은 정신으로 죽음을 맞이하기 싫어 맛있는 술을 많이 마셨고, 앞으로 달려들어 때리는 것을 안 보려고 말을 돌려 탔다."

"어찌 그런 나약한 말씀을 하십니까?"

"오늘은 웬일인지 공기가 심상치 않구나. 나는 이미 마음에 정한 바 있으니 구태여 피하지 않겠다. 너는 공연히 화를 당할 까닭이 없으니 속히 이 자리를 피하거라."

"공께서 변을 당하실 바에는 어찌 소인이 편안히 살기를 도모하리까. 저승길까지 모시겠습니다."

김경조는 끝내 그 자리를 비키지 않았고, 결국 조영규 무리가 정몽주를 향해 내리치는 철퇴를 온몸으로 막으며 정몽주를 감싸 안았다. 그리고 머리를 맞아 그 자리에서 숨을 거두었고, 정몽주도 말에서 떨어져 숨을 거두었다.

"충신 정몽주는 빛나는 최후를 마쳤구나."

"쇠망해 가는 고려 왕실을 떠받치고 있던 마지막 기둥이 쓰러졌다."

이방원은 선죽교에서 정몽주를 격살한 다음에 저잣거리에 머리를 걸어 두었다고 한다. 그것은 곧 고려의 쇠망을 백성에게 알리려는 목적일 수도 있었다.

정몽주의 시신은 그냥 버려져 있었지만 송악산의 여러 사찰 승려들이 내려와 염습하고 풍덕 땅에 묻었다고 한다. 이방원은 훗날 왕위에 오른 뒤에 자신이 죽인 정몽주에게 직위를 내리고 치제(공이 많은 신하에게 내리는 제사)를 명하였다.

이방원은 이성계를 찾아가 정몽주를 처치했다는 사실을 보고 했다.

"뭐라고! 포은을 죽여! 이놈이 미쳤구나!"

이성계는 크게 분노했다.

"이런 참혹한 인간이 내 자식이란 말이냐!"

이성계는 정몽주 같은 인물을 잘 포섭하여 새로운 정권을 함께 이끌어 가기를 바랐을 것이다. 이방원이 정몽주를 죽임으로써 그런 계

추수를 끝낸 들판
농부들은 가을걷이를 끝내면서 들판에 조금씩 곡식을 남겨 놓아 새와 동물들이 겨울을 나게 해 주었다.

획이 무너진 것이 되고, 그로 인해 이방원을 쉽게 용서할 수 없었을 것으로 보인다. 그 일로 이방원은 이성계 측근에게 경계의 대상이 되었고, 정도전 등은 이방원 제거 움직임까지 보였던 것이다.

정몽주가 숨을 거둔 지 4개월 뒤, 마침내 이성계는 수창궁 정전에 들어 보위에 올랐다. 그때가 1392년(공양왕 4)으로 고려는 34왕을 끝으로 막을 내리고 말았다.

왕자의 난과 이방원

 1392년 7월 17일, 마침내 이성계가 조선 제1대 왕의 자리에 올랐다.

 이방원은 왕자의 신분으로 정안공에 봉해졌다.

 "공신도감을 설치해 개국 공신을 선정하고 책봉하겠다!"

 태조 이성계는 왕위에 오른 지 보름 후인 1392년 8월 2일에 공신도감을 설치했다.

 "개국에 대한 기여도는 누구보다 내가 가장 잘 알고 있으니 1등급, 2등급, 3등급으로 나뉘어 발표한다!"

 태조는 52명의 개국 공신을 확정 발표했다. 그런데 1등급, 2등급, 3등급 그 어디에도 이방원의 이름은 빠져 있었다. 그런데 이방원을 더 당혹시킨 것은 세자 책봉 문제였다. 태조는 측근 중에서 배극렴, 정도전, 남은, 조준, 김사형을 불러 물었다.

"누구를 세자로 앉히는 것이 옳은가."

그 말에 배극렴이 먼저 입을 열었다.

"적장자를 세우는 것이 고금을 통한 의리입니다."

하회마을의 만대루
만대루는 휴식과 강학의 복합 공간이다. 200여 명을 수용하고도 남음직한 장대한 이 누각에는 다른 사원에서는 찾아볼 수 없는 독특하고 아름다운 면이 있다. 휘어진 모습 그대로 서 있는 아래층의 나무 기둥들과 자연 그대로의 주춧돌, 커다란 통나무를 깎아 만든 계단, 굽이도는 강물의 형상을 닮은 대들보의 모습은 건축물조차 자연의 일부로 생각했던 우리 조상의 의식을 그대로 보여주고 있다.

배극렴의 말대로라면 신의왕후 한씨가 낳은 진안공 이방우가 세자로 책봉되어야 했다. 하지만 이미 태조는 신덕왕후 강씨가 낳은 무안공 이방번을 세자로 결정한 상태였다.

태조가 못마땅한 표정을 짓자 조준이 나섰다.

"세상이 태평하면 적장자를 먼저 세우고 세상이 어지러우면 공이 있는 이를 먼저 선택하는 것이니 다시 세 번 생각하십시오."

조준이 말한 '공이 있는 이'란 정안공 이방원을 두고 하는 말이었다. 그런데 조준의 말이 끝나기도 전에 바깥에서 울음소리가 들려왔다. 신덕왕후 강씨가 엿듣고 있다가 조준의 입에서 그런 말이 나오자 통곡을 했던 것이다.

태조는 조준에게 종이와 붓을 건넸다.

"여기에 무안공(이방번)의 이름을 적으시오."

하지만 조준은 엎드린 채 꼼짝하지 않았다.

"그렇게 무안공이 싫다면 의안공(이방석)으로 정하도록 하시오."

태조 말에 신하들은 더는 반대하지 못했다. 그렇게 해서 세자 자리는 뜻하지 않게 막내아들인 방석에게 돌아갔다.

"이런 미치광이 신하들이 어디 있단 말인가! 전하(이성계)께서 아무리 의안공을 세자로 책봉한다고 해도 반대 한마디 안 하다니!"

이방원의 분노는 이루 말할 수 없이 컸다. 태조도 이방원의 심정을 잘 알고 있었다. 하지만 정몽주를 제거한 뒤, 태조는 이방원를 못마땅하게 여기고 있었다. 또한 태조는 정도전의 '재상제'를 선호하고 있었다. 그러자면 강력한 왕권을 선호하는 이방원을 멀리하는 수밖에 없었다.

"정안공에게 집안 대대로 내려오는 동북면 가별치의 500여 호를 내려주겠다."

태조는 이방원을 달래기 위해 동북면의 500호를 내리고, 왕자들과 개국 공신을 각 도의 절제사로 삼으면서 이방원에게 전라도를 맡겼다.

"내가 그깟 전라도절제사에 만족할 것 같은가? 절대로 주저앉지 않는다!"

좌절감에 빠진 이방원을 위로한 사람은 장인 민제와 처남인 민무구 형제였다.

"꿈을 잃는 순간 모든 것이 끝장입니다. 지금 당장 벌어진 일이 전부라고 생각하지 말고 언제든지 세상이 바뀔 수 있다는 희망을 잃지 마십시오."

"백수가 된 제게 든든한 배경이 돼 주셔서 고맙습니다."
그런데 나라 안에 뜻하지 않은 일이 벌어졌다.
1393년(태조 2)에 명나라에서 사신을 파견했는데, 전달한 문서에는 조선을 심하게 책망하는 내용이 들어 있었다.

'조선이 명나라를 업신여기고 있다.'

아직 명나라의 인정을 제대로 받지 못하던 조선으로서는 큰일이 아닐 수 없었다. 또한 명나라는 조선의 사신은 일 년에 한 번씩만 파견하고 부르기 전에는 올 것 없다는 내용의 문서를 보내왔다. 조선 조정에서는 서둘러 명나라에 사신을 파견했다. 하지만 명나라 조정은 단호했다.
"조선 사신은 그대로 돌아가도록 하라!"
명나라 조정에서는 조선의 사신을 요동성 밖 백탑에서 되돌아가게 했다.
엎친 데 덮친 격으로 전혀 예기치 못한 사건이 일을 더 어렵게 만들었다. 조선의 해적이 중국 연안을 침입한 데다 조선의 요동정벌론이었다. 그 무렵에 정도전은 태조의 승인을 받아 요동정벌을 계획하고 있었는데, 그 일이 명나라 조정에 알려지고 말았던 것이다. 뒤엉킨 명나라와 조선의 외교 문제는 이듬해에 가서야 조금씩 실마리가 풀렸다.

"조선은 북벌에 필요한 말 1만 필을 보내도록 하라. 또한 조선 왕의 장남이나 차남이 해적 사건의 범인을 끌고 직접 입조하도록 하라."

명나라의 요구 조건은 어느 것도 쉬운 것이 없었다. 특히 태조의 아들 중 한 명이 입조하라는 요구는 태조를 퍽 난처하게 만들었다.

"진안공 방우는 이미 일 년 전에 세상을 떴고, 나머지 아들들은 이렇다 할 학식이 갖춰져 있지 않다. 왕자 신분으로 명나라 조정에 입조해야 하는데, 학식이 넉넉하지 않으면 오히려 낭패만 당할 수 있다."

태조로서는 선택의 여지가 없었다.

"정안공(이방원)은 이미 6년 전에 이색을 따라서 서장관으로 명나라에 다녀온 경험도 있다. 하지만 목숨까지 위태로울 수 있는데 정안공이 승낙할지 모르겠구나."

세자 자리는 물론이고 공신 명단에서도 이방원의 이름을 제외시킨 태조 입장으로서는 여간 미안한 일이 아닐 수 없었다. 태조는 이방원을 불렀다.

"명나라 황제(주원장)가 지금 우리에게 아주 어려운 요구를 해 왔다. 네가 아니면 답할 사람이 없구나."

태조의 말에 이방원은 서슴없이 말했다.

"종묘의 사직과 크나큰 일을 위해서 어찌 감히 사양하겠습니까?"

이방원의 말에 태조는 눈물을 글썽거렸다.

"네 체질이 파리하고 허약한데 만 리 길을 탈 없이 다녀올 수 있겠느냐?"

"아무 염려하지 마십시오. 외교 문제를 해결하고 무사히 돌아올 것입니다."

이방원의 결정에 조정 대신들도 말리고 나섰다.

"정안공이 명나라로 가서는 안 될 일입니다. 여행 도중에 사고를 당할 수도 있고, 명나라 조정에서 인질로 잡을 수도 있습니다."

그러자 남재가 이방원과 동행하겠다고 나섰다.

"정안공이 만 리 먼 길을 떠나는데, 우리가 어찌 베개를 베고 여기에서 편히 자겠습니까?"

결국 이방원, 남재, 조반으로 구성된 사신단이 명나라로 향했다.

"조선 국왕의 아들이 직접 왔으니 융숭하게 대접하도록 하라!"

명나라 황제는 사신 자격으로 명나라에 온 이방원을 호의적으로 대했다.

"조선은 일 년에 세 번씩 사신을 파견하고, 요동 도지휘사에 명하여 교통의 재개를 허락하도록 하겠다."

이방원의 활약으로 조선은 가까스로 명나라와 관계를 개

만대루의 기둥
'만대'는 대부의 시 백제성루(百濟城樓) 중 '푸른 절벽은 저녁 무렵 마주하기 좋으니'라는 구절에서 따왔다. 이 이름처럼 해질 무렵에 2층 누각에 올라서 바라보는 낙동강과 병산의 경치는 이곳의 경치 중 으뜸으로 친다.

선할 수 있게 되었다.

이방원은 늦도록 아들이 없었다. 그러다 큰아들 제(양녕)가 태어난 것은 1394년(태조 3)이었다. 이방원의 나이 스물여덟 살이었다.

"이제야 아들을 보았구나. 참담한 세월을 보내고 있는 내게 하늘이 큰 선물을 보내 주었어."

이방원은 아들의 탄생을 크게 기뻐했다.

"너를 위해서라도 결코 주저앉는 일은 없을 것이다. 네가 자라서 이 애비를 자랑스럽게 여길 수 있도록 내 야망을 펼칠 것이다."

이방원은 언젠가는 자신에게 기회가 올 것이라고 굳게

믿었다. 그리고 마침내 그 기회가 찾아왔다.

이방석이 세자로 책봉된 4년만인 1396년, 중전 강씨가 숨을 거두었다. 막강한 세력을 구축하고 있던 강씨의 죽음은 정도전과 이방원에게 새로운 대립 구도를 만들기에 충분했다.

"자칫 잘못했다가는 이방원에게 모든 것을 빼앗길 수 있다. 서둘러 사병을 혁파하여 이방원의 힘을 뺏어야 한다. 그래야 세자가 안전하게 왕위에 오를 수 있다."

세자의 스승이기도 했던 정도전은 사병혁파정책을 서둘렀다.

"중앙에 병권을 집중하여 명나라의 지나친 공물 요구에 대항하여 요동정벌을 단행하겠다!"

정도전은 요동정벌을 위해 중앙에 병권을 집중하겠다고 했다. 하지만 속내는 전혀 달랐다.

"왕족들이 사사로이 병사를 키우지 못하게 막아야 한다. 왕족들의 무장을 해제해서 병력을 동원한 무력시위를 사전에 막아야 된다."

그런데 강씨 죽음 이후 태조마저도 시름시름 앓았다.

"아직 세자는 나이가 어리다. 만일 전하께서 빨리 세상을 뜨면 이방원은 절대 가만있지 않을 것이다. 이방원을 제거해야만 세자는 물론이고 내가 안전할 수 있다."

마음이 다급해진 정도전은 이방원을 제거할 틈을 노렸다. 하지만 이방원도 가만있지 않았다.

"나를 지켜줄 것은 오직 사병뿐이다. 정도전은 내 숨통을 끊어 놓으려고 사병혁파정책을 서두르고 있다. 정도전을 없애지 않으면 내가 죽는다!"

그런데 1398년(태조 7) 7월 19일, 하륜이 이방원을 초청했다. 하륜은 충청도관찰사로 발령을 받았고, 그날 잔치는 송별잔치인 셈이었다. 그 무렵에 이상한 소문을 들은 하륜은 이방원과 단 둘이 마주앉을 틈을 엿보았다.

하륜은 이방원의 술잔에 술을 채우는 척하다가 술상을 엎고 말았다.

"이런 실례가 어디 있단 말이오!"

옷이 더럽혀진 이방원은 크게 화를 내며 자리를 박차고 일어났다. 이방원이 화를 내며 나가 버리자, 하륜은 그 자리에 있는 사람들에게 양해를 구했다.

"내가 갑자기 수전증이 일어 잔을 놓쳤더니 정안공께서 크게 화가 나신 듯합니다. 내 잠깐 나가서 화를 풀어 드리고 돌아오겠습니다."

하륜은 말을 타고서 이방원 뒤를 쫓아갔다.

이방원은 하륜이 쫓아오는 것을 알면서도 내버려 두었다. 그리고 집까지 쫓아오자 버럭 화를 냈다.

"왜 그랬는가?"

이방원의 질문에 하륜이 대답했다.

"요즘 이상한 소문을 들었습니다. 머잖아 세상을 뒤엎을 환란이 일어난다고 합니다. 그것을 미리 알려 드리기 위해 일부러 상을 엎고 여기까지 쫓아왔습니다."

"세상을 뒤엎을 환란이라니?"

이방원은 놀라며 하륜을 내실로 데리고 들어갔다.

"지금 전하께서 위중하신 것을 이용해 정도전 일파가 정안공의 형제를 모두 없앨 계획을 세워두고 있습니다."

"그렇다면 내가 어떻게 하는 것이 좋겠소?"

"저는 왕명을 받아 지방으로 가야 합니다. 마침 안산군 지사 이숙번이 신덕왕후(이방원의 어머니)의 능을 이장하기 위해 군사를 이끌고 한양에 들어와 있으니 그에게 대사를 맡기십시오. 이숙번은 대사를 맡길 만한 인물입니다."

"알겠소."

이방원은 즉시 이숙번을 불렀다. 그리고 하륜에게서 들은 이야기를 전했다.

"이런 일은 손바닥 뒤집기보다 쉬운 일인데, 무엇이 어렵겠습니까?"

그런데 8월 26일, 경복궁에서 연락이 왔다.

"전하께서 위중하시어 다른 곳으로 옮길까 하니 왕자들은 모두 입궐하도록 하십시오. 시종하는 무리는 데리고 오지 마십시오."

내시들의 전갈을 받은 왕자와 사위들은 모두 경복궁으로 모여들었다. 태조의 쾌유를 빌던 영안공 이방과(훗날 정종)와 내전에서 태조를 모시고 있던 세자 이방석을 제외한 아들과 이화 등이 모두 참석했다.

비룡산 장안사(경상북도 예천군)
신라가 삼국을 통일한 후, 국태민안을 염원하면서 전국 세 곳에 장안사를 건립하였다. 비룡산 장안사는 언제 창건했는지는 알 수 없으나, 전설에는 신라 때 의상대사의 제자인 운명대사가 창건했다고 하고, 『예천군지』에는 고려 때 창건했다고 하며, 조선 초기 이전의 연혁은 전해지지 않는다. 1627년(인조 5) 덕잠이 중건했고, 1709년(숙종 35) 청민이 범종각을 중수했다. 1755년(영조 31) 법림과 지묵 등이 중수했다.

그런데 경복궁으로 들어가던 이방원은 우뚝 걸음을 멈추었다.

"시종을 데려와서는 안 된다고 한 점도 이상한데, 어찌하여 궁중의 문에 등불을 밝히지 않았을까."

그 순간 이방원은 하륜의 말을 떠올렸다.

"아뿔싸! 함정이다!"

이방원은 배가 아프다며 뒷간으로 뛰어 들어갔다. 바깥에서는 둘째와 셋째 형인 익안공 이방의와 회안공 이방간이 기다리고 있었다.

"오늘 내가 죽거나 아니면 살거나 둘 중 하나다!"

이방원은 뒷간을 나와 두 형을 데리고 대궐 밖으로 뛰어나왔다.

"오늘입니다! 오늘 일을 치를 것입니다!"

이방원의 말에 두 형은 기겁을 하며 이방원 뒤를 좇았다. 이방원은 서둘러 마천목*을 불러 이방번을 찾아가게 했다.

"방번을 찾아가 나와서 나를 따르기를 바란다고 하시오!"

하지만 이방번은 끝내 이방원을 따르지 않았다.

이방번을 따르는 무리는 모두 활을 잘 쏘고, 말을 잘 타는 무

> 마천목은 힘과 무예가 출중하여 고려 우왕 때 산원(散員)으로 등용되어 대장군에 이르고, 1398년(태조 7)에는 상장군이 되었다. 1400년 제2차 왕자의 난을 평정하고 이방원을 받들어 1401년(태종 1) 좌명공신(佐命功臣) 3등에 동지총제(同知摠制)가 되었다. 병조판서 때 상소한 성보론(城堡論)에서 조선 초기에 처음으로 북방 6진(鎭)의 설치를 주장하였다. 명나라에 가서 조선의 승인에 공을 세웠으며 1429년 부원군에 봉해졌다.

뢰배들이었다고 한다. 그들은 오래 전부터 세자를 이방번으로 바꿔놓고 말겠다는 말을 하고는 했다. 이방번은 그들의 말을 믿고 이방원의 뜻에 따르지 않았다고도 한다.

이방원이 이방번에게 "함께 가자."라는 말을 했던 것은 평소에 이방번이 세자 자리를 엿보고 있다는 사실을 잘 알고 있었기 때문이었다.

이방원은 남은의 첩이 사는 집을 급습했다. 그 집에는 남은, 정도전, 심효생(방석 세자의 장인) 등이 모여 술을 마시며 담소를 나누고 있었다.

"서둘러 집에 불을 놔라!"

이방원의 명을 떨어지자, 남은의 첩 집에서는 순식간에 불길이 치솟았다. 그 집을 둘러싸고 있는 이웃집 세 채도 불길에 휩싸였다.

"불이야!"

사람들이 놀라서 허겁지겁 집 밖으로 몸을 피했고, 이방원 무리는 뛰쳐나오는 사람들을 그 자리에서 없앴다.

"이방원의 무리다! 어서 몸을 피해야 한다!"

상황을 파악한 정도전은 허둥지둥 이웃집으로 도망쳤다. 남은도 재빨리 몸을 피했다. 이미 심효생과 이근, 장지화 등은 모두 피살된 뒤였다. 그런데 정도전이 몸을 피한 이웃집은 전(前) 판사인 민부의 집이었다. 민부는 도망쳐 온 정도전을 보고 서둘러 이방원을 찾아갔다.

"우리 집에 배가 불룩한 자가 숨어 들어왔습니다."

"정도전이 분명하다! 놈을 잡아라!"

이방원은 소근 등 네 명의 군사들에게 정도전을 붙잡게 했다.

"정도전은 당장 밖으로 나와라!"

소근이 밖에서 소리를 치자, 작은 칼을 움켜쥐고 있던 정도전이 걷지도 못하고 엉금엉금 기어 나왔다.

"칼을 버릴 테니 제발 죽이지 마시오! 꼭 한마디만 하고 죽게 해 주시오!"

겁에 질린 정도전은 이방원에게 매달렸다.

"예전에 공이 이미 나를 살렸으니, 이번에도 살려 주시오!"

이성계가 원나라에서 돌아오는 세자를 마중하기 위해 해주에 갔다가 사고를 당했을 때, 정몽주는 창왕을 조종해 이성계의 오른팔인 정도전을 유배 보내 버렸다. 이방원은 서둘러 이성계를 개경으로 데려 와 유배지에서 죽을 날만 기다리고 있던 정도전을 살려내게 했다. 정도전은 그 일을 상기시키며 살려 줄 것을 애원했던 것이다.

"우리는 한때 같이 학문을 논하고, 왕(태조)을 도와 조선을 건국한 혁명 동지가 아니오."

정도전의 애원에 이방원은 차갑게 말했다.

"천하를 호령하던 정도전의 모습은 온데간데없구나. 한때 혁명 동지였으나 지금 나는 공을 살려 주고 싶은 마음이 추호도 없다. 우린 조선이 건국된 뒤에 서로 다른 길을 걸어온 지 이미 7년이 지나지 않았는가. 공은 그동안 끊임

없이 나를 죽이려 했는데 어찌 살려 둘 수 있겠는가?"

이방원이 차갑게 말했다. 정도전은 당황해서 어쩔 줄을 몰라 했다.

"네가 조선의 봉화백(奉化伯)이 되었는데도 부족하더냐? 어떻게 악하기가 이 지경에까지 이를 수 있느냐?"

이방원의 말과 함께 정도전의 목이 순식간에 날아갔다.

이 일에 대해 하륜이 아니라 방원의 심복인 이무가 거짓으로 무고를 하였을 뿐, 당시에 정도전 일파는 그런 음모를 전혀 꾸미지 않았다는 설도 있다. 이방원이 세자와 정도전 무리를 없애기 위해 꾸민 계략이었다는 것이다.

그 무렵에 소격전에서 제사를 올리고 있던 이방과(훗날 정종)는 난리가 났다는 말을 전해 듣고는 종 하나만 거느리고 김인귀 집에 몸을 숨겼다.

정도전의 죽음은 태조에게 큰 충격이 아닐 수 없었다.

"조선 왕조의 밑그림을 그리고 초석을 다져 놓은 일등 공신을 그렇듯 쉽게 죽이다니! 정도전은 임금을 능가하는 공을 세운 공신이거늘……. 방석을 세자로 강력하게 추천한 사람은 배극렴이었고, 선택은 내가 했다. 그런데 어찌하여 입을 다물고 있던 정도전이 그 책임을 모두 져야 한단 말이냐!"

태조 곁을 지키던 이제는 당장 군사를 이끌고 나가 이방원을 공격하려고 했다.

하지만 태조와 이화가 이제를 말렸다.

"이미 상황은 종결되었다. 군사를 이끌고 나가 공격을 해도 죽은 정도전은 살아오지 않는다."

태조의 상심은 이루 말할 수 없이 컸다.

그런데 도당(의정부의 전신인 도평의사사)에서 세자 이방석을 내보내 줄 것을 요청했다.

"어찌하오리까."

세자 이방석은 겁에 질린 표정으로 태조를 보았다. 하지만 병석에 누워 있는 태조에게는 아무런 힘도 없었다.

"늙고 기력이 쇠한 내가 세자를 지켜 줄 힘이 없구나."

태조는 세자 이방석에게 힘없이 말했다.

"나가도 무슨 일이 있겠는가? 세자는 동생이고, 정안공은 형이 아니더냐."

하지만 이방석이 경복궁 영추문을 나서자 이거이, 이백경, 조박 등이 몰려와 그 자리에서 이방석을 죽였다.

도당은 이방간의 형인 이방번도 내줄 것을 요구했다.

"세자는 죽었지만, 너는 먼 지방에 안치하려는 것이다."

태조는 피눈물을 머금으며 이방번도 내보냈다. 이방번이 궁궐을 나와 남문을 나서려는 순간, 이방원이 말을 타고 달려왔다.

"어찌하여 어제 마천목을 시켜 나를 따르라는 말을 전했거늘 내 말에 따르지 않았느냐? 지금은 외방으로 가지만 머잖아 반드시 돌아올 것이다. 잘 가거라. 잘 가거라."

이방원은 두 번씩이나 잘 가라는 말을 했다.

이방번은 통진에 안치하기로 했다. 그런데 이방간, 이거이 부자, 조박 등은 사람을 보내어 이방번을 없애 버렸다.

이방번을 죽였다는 말을 전해 들은 이방원은 크게 화를 냈다.

"역사에서는 내가 형제들을 죽인 냉혈한이라고 할 것이 아니냐!"

이방원은 이숙번에게 답답한 속내를 드러냈다.

"나는 양측에서 오락가락하던 유만수도 살려 주었다. 하물며 형제를 어찌 죽일 생각을 했겠는가. 이거이 부자가 내게는 알리지도 않고 도당하고만 의논하여 내 동기를 살해했다. 지금은 민심이 안정되지 않아 속으로 참는다. 그대는 지금 내가 한 말을 입 밖에 내지 말라."

훗날, 이방간, 이거이 부자, 조박 등은 결국 이방원의 손에 제거되었다.

궁궐 안에 한바탕 피비린내 나는 격전이 벌어진 뒤, 상황이 종결되었다. 상황이 종결되자, 이방원은 형인 이방과를 찾았다. 그때까지 이방과는 상황이 종결된 줄도 모른 채 김인귀 집에 숨어 있었다.

이방과를 찾아낸 것은 다음 날 저녁 무렵이었다.

월정사 팔각구층석탑(강원도 평창군)
이 석탑은 우리나라 북쪽 지방에 주로 유행했던 다각 다층석탑의 하나로 고려 초기의 석탑을 대표한다. 아래위 균형이 잘 잡혔고, 조각 솜씨가 뛰어나다. 다각 다층석탑의 대표적인 석탑이라 할 수 있다. 탑 아래는 강릉 신복사 터 석탑과 마찬가지로 공양하는 보살 좌상을 모셔 놓았다.

"형님께서 세자 자리에 오르십시오."

이방원은 이방과에게 세자 자리를 요청했다.

"당초부터 대의를 주창하고 개국하여 오늘에 이르기까

지의 업적은 모두 정안공(이방원)의 공로인데, 내가 어찌 세자 자리에 오르겠느냐?"

"큰형님은 먼저 세상을 떠나셨지만, 둘째 형이 계시는데 내가 어찌 세자 자리에 오른단 말입니까. 내가 세자 자리에 오르면, 백성들은 내가 왕위 찬탈을 위해 형제를 죽였다고 손가락질을 할 것입니다."

이방원은 끝내 세자 자리를 사양했다.

"그러면 내가 맡겠노라."

이방과는 마지못해 허락했다.

이것이 '제1차 왕자의 난', '방원의 난' 또는 '무인정사', '정도전의 난'이다. 1차 왕자의 난으로 인해 정도전·남은·심효생 등이 제거되었지만, 이 난은 이성계와 이방원의 권력 싸움으로 보기도 한다.

한성을 떠난 태조

태조는 더 이상 한성에 머물고 싶지 않았다. 정도전 일파의 숙청은 곧 태조의 몰락을 뜻하기도 했다. 이제 모든 힘은 이방원에게 쏠려 있었다.

태조가 물러나려 하자 많은 신하들이 반대하고 나섰다.

"이미 모든 세력은 방원이 쥐고 있질 않으냐. 허수아비 왕의 자리에 앉아 하루하루 보내란 말이냐? 조정은 방원의 세력이 거의 독차지하고 있고, 나 또한 와병 중이니 어찌해 볼 도리가 없질 않으냐."

이성계는 1341년(태조 7) 9월에 왕위를 이방과에게 넘기고 한성을 떠났다.

태조의 뒤를 이어 정종이 조선 제2대 보위에 올랐다.

왕자의 난은 백성들에게 새로운 왕조에 대한 큰 불신을 안겨주기에 충분했다.

"무리해서 한양 천도를 하는 바람에 왕실에서 그런 유혈극이 벌어졌다."

"개경 시절이 그리울 뿐이다."

"한성은 도무지 정이 가질 않는 곳이니 다시 개경으로 돌아가 살아야 되겠어."

태조 시절에 거의 강제로 개경에서 한양으로 옮겨 왔던 사람들은 개경 시절을 간절하게 그리워했다. 그런 데다 변란이 일어나자 민심이 걷잡을 수 없이 술렁거렸다. 수많은 사람들이 짐을 싸들고 개경으로 돌아갔다.

"병사들은 성문을 막고, 백성들이 개경으로 못 떠나도록 하라!"

조정에서는 무작정 개경으로 향하는 사람들을 막기 위해 성문을 막기까지 했다. 그 일은 정종에게 큰 부담이 아닐 수 없었다.

월정사 사천왕상
예로부터 한국의 사찰에서는 일주문과 본당 사이에 천왕문을 세워서 그림으로 또는 나무로 깎아 만든 사천왕의 조상(나무나 돌을 깎아 사람이나 동물을 새긴 형상)을 모시는 것이 일반적이었다.

"나 또한 한양과 골육상쟁이 벌어진 경복궁이 마음에 들지 않는다. 비록 배다른 아우이지만, 어린 방번과 방석이 참화를 당한 이곳에서 임금 노릇 하기는 정말 싫구나."

결국 정종은 1399년(정종 1) 2월 27일, 한양을 버리고 개경으로 환도했다.

정종은 본래 무략과 무술이 다 같이 능한 편이었다. 아버지 이성계를 따라 여러 전투에 참가하여 많은 공을 세우기도 했다. 그러나 성격이 매우 온건하고 무엇보다 형제간의 우애를 중요시했다. 왕의 자리에 오른 정종은 왕실에서 어떤 유혈극도 일어나지 않도록 만전을 기했다고 한다.

정종은 왕자들에게 삭발을 권하기도 하고, 몸을 낮추고 가난하고 벼슬이 없는 선비의 자식들이나 다름없이 처신할 것을 간곡하게 부탁하고는 했다.

"의안대군, 익안대군, 이저, 조준, 김사형, 하륜. 조영무, 이숙번 등 18명을 정사공신으로 임명한다!"

정종이 임명한 정사공신 18명은 조선 왕조의 제2차 공신이라 할 수 있었다. 그들은 정종을 왕위에 오르도록 해 준 사람들이지만, 실제로는 이방원의 오른팔들이었다.

"패기만만한 정안공의 비위를 건들면 안 된다. 어차피 대세는 모두 결정되어 있다. 나는 당분간만 왕위에 머물 뿐이다. 내가 할 일은 다시는 왕실의 내분이 일어나지 않도록 해야 된다."

정종이 비록 왕위를 지키고 있었지만 실권은 이방원에게 있었다. 이방원 일파는 정치적 실권을 장악하여 병권 집중과 중앙 집권 체제 강화를 위한 제도 개혁을 추진했다.

"나는 정도전에게 병권이 집중되는 것을 막기 위해 그를 없앴지만, 이제는 내 세력 강화를 위해 왕족들의 사병을 혁파할 필요가 있다."

하지만 이방원의 사병혁파 시도는 2년 후에 제2차 왕자의 난을 촉발하고 말았다. 넷째 아들인 이방간이 사병혁파를 두고 크게 불만을 품었던 것이다.

"다음 임금이 될 세자가 없으니 형제 중에서 세자가 나와야 한다. 방원이 존재하는 한 내가 세자 자리에 앉기는 어렵다. 둘째 형이 왕위에 올랐으니, 차례로 보아서도 세자 자리에는 셋째인 내가 앉아야 한다. 그러나 힘으로는 방원을 당할 재간이 없으니 방심하고 있을 때에 없애야 한다."

정종은 정안왕후와의 사이에 아들을 두지 못하고 있었고, 이방간은 그 사실을 이용해 다음 보위를 넘보고 있었던 것이다.

그런데 그 무렵에 박포가 이방간을 찾아왔다. 박포는 1

차 왕자의 난 때 큰 공을 세웠는데도 낮은 지위를 받자 이방원에게 크게 불만을 품었다. 화가 난 이방원은 박포를 귀양 보내 버렸고, 그 일로 박포는 이방원을 크게 증오하고 있었다.

박포는 하늘에 붉은 기운이 서리자 이방간에게 말했다.

"하늘에 요사한 기운이 서려 있으니 마땅히 조심하여 처신해야 할 것입니다."

"무슨 소리인가?"

"정안공을 그냥 두실 것입니까?"

박포는 이방간에게 은근히 이방원을 없앨 것을 권했다.

"어떻게 처신하는 것이 옳은가?"

"정안공(방원)은 군사가 강하고 많은 무리가 따르고 있지만, 공은 군사가 약하며 위태롭기가 마치 잎에 맺힌 이슬과 같으니, 먼저 선수를 쳐서 정안공을 쳐부숴야 합니다."

"알겠다. 정안공을 내 집으로 불러들여 감쪽같이 처치하도록 하겠다."

이방간은 처조카인 교서감판사 이래를 불러 그 일을 의논했다.

"정안공이 나를 시기하고 있으니, 내가 어찌 앉아서 개죽음을 당하겠는가?"

이래는 이방원과 과거 동기생이었다.

"무슨 말씀을 하시는 것입니까?"

이래는 깜짝 놀라 물었다.

"내 말을 듣고도 못 듣는 척하는 것이오, 아니면 정말 못 알아들은 것이오?"

"정안공이 회안공(이방간)을 제거하려 한다는 분명한 증거가 없질 않습니까. 그런데 먼저 공격했다가는 형제간의 피비린내 나는 격전을 먼저 벌였다는 오명을 뒤집어쓰게 될 것입니다. 또한 정안공은 어려서부터 전쟁터를 누빈 장수입니다. 제발 생각을 바꾸십시오!"

"네가 나를 도울 사람이라면 그렇게 말하지 않았을 것이다! 나는 이번 달 말에 거사를 일으킨다!"

이방간의 계획을 알게 된 이래는 큰 고민에 휩싸였다.

"내 힘으로 막을 일은 아무것도 없다."

이래는 서둘러 스승인 우현보를 찾아갔다.

"회안공(이방간)이 이번 달 말에 거사를 일으킨다고 합니다. 어찌하면 좋습니까?"

우현보는 이방원을 달가워하지 않았다. 그러나 이래의 말을 듣고 한참 동안 생각에 잠겼다.

"아무리 미워도 정안공은 어릴 적 내 제자였다. 또한 누가 봐도 회안공의 행동이 옳지 않은데, 가만히 있을 일이 아니로구나."

우현보는 아들 우홍부를 시켜 이방간의 거사 계획을 이방원에게 알리게 했다.

"아직 아무것도 정확한 것이 없질 않은가. 만일의 사태에 대비는 하겠지만, 섣불리 행동해서는 절대 안 될 일이다."

이방원은 하륜, 이무 등을 불러 계책을 의논했다.

"얼마 전에 회안공이 나를 집으로 초대했는데, 갑자기 병이 나서 가질 못했는데, 만일 그때 갔더라면 내 목숨이 온전할 수 없었겠구나. 며칠 뒤에 대궐에 함께 간 일이 있는데, 함께 말을 타고 가면서 말 한마디도 하질 않았었다."

정안공은 이방간이 자신의 목숨을 노리고 있었다는 것을 비로소 깨달았다.

그런데 삼군부에서 한 가지 지시가 내려왔다.

"여러 왕족은 사냥을 해서 얻은 가죽을 전하의 가마에 쓸 수 있도록 하시오."

이방원은 삼군부의 지시를 받고 사냥 떠날 채비를 했다. 그런데 이방간의 아들 의령군 이맹종이 이방원의 집을 찾아왔다.

"오늘 우리 아버지도 사냥을 나간다고 하시더군요."

이맹종의 말을 듣는 순간, 이방원은 불길한 예감에 휩싸였다.

"서둘러 회안공 집으로 가서 어떤 상황인지 자세히 보고 와라."

이방원은 즉시 이방간의 집으로 사람을 보냈다.

"회안공 집의 사병들이 모두 갑옷을 갖춰 입고 분주하게 움직이고 있습니다."

심부름꾼의 말을 전해 들은 이방원은 큰 충격을 받았다.

"맙소사! 또 한차례 형제간의 골육상쟁을 겪어야 된단 말인가?"

일촉즉발의 순간이었다. 이방원은 이화, 이천우 등 최측근 열 명을 불러들였다.

그런데 이방원은 눈물을 흘리며 자신이 군사를 지휘하지 않겠다고 했다.

"또다시 내 칼에 형제의 피를 묻힐 수는 없습니다. 골육상쟁은 큰 불의입니다. 내가 무슨 낯으로 형과 맞서 싸운단 말입니까?"

"그러면 앉아서 당하실 겁니까?"

이화와 이천우도 울면서 이방원을 달랬다.

"형제인데 서로 미움을 풀고 대화를 하면 반드시 풀릴 것입니다."

이방원은 이방간에게 사람을 보내 타협을 제의했다.

"감정을 풀고 서로 만나서 이야기를 해보는 것이 어떻겠습니까?"

하지만 이방간은 단호했다.

"내 뜻이 이미 정해졌으니, 어찌 다시 돌이킬 수 있는가?"

이방간이 뜻을 접지 않았지만, 여전히 이방원은 군대를 지휘하지 않겠다고 버텼다. 결국 이화는 억지로 이방원을 끌고 나와 장수들에게 갑옷을 나눠주도록 지시했다.

여전히 슬픔에 빠져있는 이방원을 부추긴 사람은 부인 민씨였다. 이방원이 안방으로 들어오자, 민씨는 말없이 갑옷을 꺼내 입혀 주었다.

이미 거사 준비를 끝낸 이방간은 군사를 이끌고 이방원

을 향해 달려오고 있었다. 마침내 생각을 굳힌 이방원은 서둘러 정종에게 사람을 보냈다.

사직단(서울특별시 종로구 사직동)
사직단은 토지의 신인 사(社)와 곡식의 신인 직(稷)에게 제사를 올리기 위한 제단으로 1395년(태조 4)에 세워졌다.

"마땅히 궐문을 굳게 지켜 비상사태에 대비하십시오."

이방원은 군사를 이끌고 달려가 이방간과 맞섰다. 그러나 여러 차례의 전투 경력을 지닌 이방원의 군사 앞에서 이방간의 군사는 힘없이 무너져 내렸다. 이방원은 군사들 손에 이방간이 피살될 것을 염려해서 크게 외쳤다.

"내 형은 해치지 말라! 제발 내 형은 없애지 말라!"

이방원은 말을 한길에다 세워 놓고 크게 소리치며 통곡했다. 이방간은 이방원의 군사에게 사로잡혔다.

"이 일은 내가 아니라 박포가 꾸민 계략이다!"

이방간이 떨면서 소리쳤다.

이방원은 난을 진압한 뒤에 박포를 처형하고, 이방간은 토산에 귀양 보냈다. 그것이 2차 왕자의 난이다.

그 일을 실록에는 이렇게 기록되어 있다.

'임금(정종)이 우승지 이숙을 보내어 방간에게 이르기를 "네가 백주에 서울에서 군사를 움직였으니 죄를 용서할 수 없다. 그러나 골육지정으로 차마 주살을 가하지 못하니, 너의 소원에 따라 외방에 안치하겠다." 하였다. 방간이 토산 촌장으로 돌아가기를 청하니, 임금이 대호군 김중보·순군천호 한규에게 명하여 방간 부자를 압령해서 토산에 안치하게 하였다.'

이방원이 왕위에 오른 뒤에 여러 신하들이 이방간을 죽일 것을 간했지만, 끝까지 죽이지 않고 유배 보내는 데 그쳤다. 토산으로 방출했던 이방간을 사흘 후 서울에서 가까운 안산군으로 옮겨서 안치했다. 그리고 평생 먹고 살 수 있도록 재산과 식읍 50호를 내려주고 매해 정월 초하루에는 혼자서 서울에 오는 것도 허락했다. 또한 이방간이 병을 앓으면 의원을 보내어 치료를 도왔다고 한다. 세종 치세 때에도 이방간의 치죄(治罪)가 논의되었지만, 태종과 세종은 그 간언을 듣지 않았다. 이방원은 비록 두 차례나 왕자의 난을 일으켰지만, 같은 어머니에게서 태어난 형제를 죽이고 싶지 않다는 뜻만은 확고했던 것으로 보인다. 이방간은 태종의 배려로 천명을 누리다가 1421년에 홍주에서 숨을 거두었다고 한다.

송도에 머물고 있다가 왕자의 난 소식을 전해 들은 태조는 크게 탄식했다.

"저 소 같은 사람이 어찌 이 지경에 이르렀는가. 우리나라에 세족과 대가가 많은 것이 나는 매우 부끄럽구나."

정종도 마음이 무겁기는 마찬가지였다.

"왕의 자리가 그리도 대단하여 형제까지 죽이며 싸워야

하는가. 나라 안 백성이 우리 집안을 뭐라 하겠는가."

그런데 정종 2년 1월 28일, 남재가 대궐 뜰에서 목청껏 외쳤다.

"지금 곧 정안공을 세자로 삼아야 한다. 이 일은 늦출 수가 없는 중대한 일이다!"

그 말을 전해 들은 이방원은 크게 화를 냈다.

"아직 세자 문제를 거론할 단계가 아니거늘 어찌하여 그런 막말을 함부로 내뱉는단 말이오!"

하지만 이미 모든 대세는 이방원 쪽으로 모두 기울어져 있었다. 그 이튿날, 이방원의 심복인 하륜 등이 정종을 찾아갔다.

"그동안 정안공은 정몽주의 난, 정도전의 난, 이방간의 난을 진압한 공이 크니, 당연히 세자 자리에 오르셔야 되지 않겠습니까?"

하륜의 말에 정종은 망설임 없이 대답했다.

"경들의 말이 심히 옳다."

정종은 즉시 도당(훗날 의정부)에 명을 내렸다.

'이번의 변란(2차 왕자의 난)은 나라의 근본(세자를 뜻함)이 정해지지 못한 까닭이었다. 나에게 얼자(양반의 자손 가운데 첩의 소생을 이르는 말)가 있기는 하나, 낳은 날짜를 짚어 보면, 시기에 맞지 않아 애매하여 진짜 나의 자식인지 알기 어렵고, 또 혼미하고 유약하여 외방에 둔 지가 오래다. 지난번에 우연히 궁내에 들어왔지만, 지금 도로 밖으로 내보냈다. 또 예전의 경우를 보면 성왕이 비록 적사(嫡嗣)가 있더라도 또한 어진 이를 택하여 진위하였다.'

정종은 자신의 자식을 역할을 제대로 할 수 없는 부족한 아이로 내몰았다. 그렇게 한 데는 이방원 세력의 압력이 그만큼 컸기 때문임을 짐작할 수 있다.

정종은 태조에게 이문화를 보내어 세자 책봉 결정을 알

렸다.

"장구한 계책은 대신과 모의해야 할 일이로다!"

태조는 그런 말로 이방원의 세자 책봉을 반대했다.

"그놈이 내 아들이 맞단 말인가. 참으로 만정이 떨어지는구나. 정몽주를 척살할 때도 애비인 나를 왕위에 올리기 위해 어쩔 수 없는 선택이었거니 생각했다. 그리고 무인년의 변(1차 왕자의 난) 때 정도전을 죽이고 결국 나까지 왕의 자리에서 물러나게 했을망정 그래도 제 형을 왕위에 앉히는 것을 보면서 화를 참을 수 있었다. 그런데 결국 2년도 안 되어 한 뱃속에서 나온 형과 일전을 벌이더니 이제는 세자 자리를 꿰차겠다고? 이놈이 제가 왕이 되기 위해 그동안 나를 이용하고 있었던 말인가?"

태조의 반대와는 상관없이 2월 4일, 정종은 이방원을 세자로 책봉했다.

"군국중사(軍國重事)는 세자가 맡아서 다스린다!"

그것은 군사 분야의 모든 권한은 세자 이방원에게 넘기

고, 자신은 국정 운영에 대해서는 깊이 관여하지 않겠다는 뜻이었다.

 이방원이 세제(世弟)가 아닌 세자에 책봉된 것은, 정종을 왕으로 인정하지 않으려는 측면에서였다고 보고 있다. 이방원은 정종의 동생이 아니라 이성계의 아들로서 보위를 잇고 싶어 했을 것이다. 이러한 사실을 증명하듯, 정종은 죽은 뒤에도 묘호(廟號)를 받지 못했다. 이 사실은 정상적으로 임금 대접을 받지 못했음을 뜻한다. 정종은 묘호도 없이 공정왕으로 불리다가 숙종 무렵에 묘호를 받았다.

 이방원은 세자 자리에 오른 뒤, 더한층 사병혁파를 서둘렀다.
 "서울에 머물러 있는 각 도의 여러 절제사를 모조리 혁파하고, 서울과 외방의 군마를 모두 삼군부에 포함시켜 국가의 군사로 삼겠다."

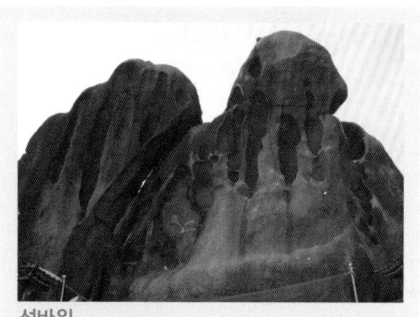

선바위

선바위는 아이를 원하는 부인들이 이곳에서 기도를 많이 하여 '기자암'이라고도 불린다. 바위의 모습이 마치 스님이 장삼을 입고 있는 것처럼 보여 참선한다는 선(禪) 자를 따서 '선바위'라고도 불린다. 이 바위가 태조와 무학대사의 상이라는 설화와 태조 부부의 상이라는 설화가 전하기도 한다. 일제가 남산에 있던 국사당을 이 바위 곁으로 옮긴 뒤부터는 이 바위와 국사당이 함께 무신을 모시는 신앙의 대상이 되었다.

이방원의 주요 표적은 시위패라는 사병을 거느리고 있던 종친과 공신들이었다. 이방원의 명에 따라 종친과 공신들로 이뤄진 절제사들이 거느리고 있는 군마는 즉각 해체되었고, 병사들은 각기 집으로 돌아갔다.

1400년(정종 2) 6월, 이방원은 서연에 참석해 이렇게 말했다.

"우리 집은 태상왕(이성계)께서 병권을 잡았기 때문에 고려 말에 이르러 가문을 이끌어 나라를 이루었다고 할 수 있었다. 무인년의 남은·정도전 난(1차 왕자의 난) 때도 우리 형제가 만일 병사를 거느리고 있지 않았다면 어떻게 그에 응하여 변을 제압할 수 있었겠는가. 박포가 회안공에게 접근한 것도 회안공에게 병권이 있었기 때문이었다."

이방원은 그런 말로 사병혁파 필요성을 설명하며 반기를 드는 종친과 공신을 다독였다. 모든 정권을 이방원이 차지하고, 정종은 허수아비 왕에 불과했다.

"비록 왕의 자리에 앉아 있으나, 나는 동생(이방원)의 대리인에 불과할 뿐이구나."

정종은 나랏일은 대부분 이방원에게 일임한 채 격구나 사냥 등의 놀이에 치중하며 유유자적했다.

태조도 신변의 위협을 느끼고 신암사(송도 정동 쪽에 위치한 절)로 옮겨 갔다. 이런 태조 때문에 이방원의 심기는 불편할 수밖에 없었다.

"이 모든 일은 나로 인해 빚어진 것이다. 내가 직접 신암사로 가서 태상왕을 모셔 와야 되겠구나."

이방원이 신암사로 찾아가 궁으로 돌아올 것을 간청하자, 태조는 마지못해 덕수궁으로 옮겨 왔다. 그리고 그날,

태조를 위한 잔치가 열렸다. 술에 취한 태조는 한탄하듯이 말했다.

"밝은 달빛은 발아래 가득한데 나 홀로 서 있네."

그런 뒤에 이방원을 보며 비꼬듯이 말했다.

"네가 비록 과거에 급제는 하였지만, 이런 글귀는 쉽게 짓지 못할 것이다."

그리고 다시 덧붙였다.

"신하는 의구한데 인걸은 어디 있느뇨?"

태조를 위한 위로연이 끝나고 한 달 뒤인 10월 15일, 태조는 신암사에서 1차 왕자의 난으로 일찍 세상을 떠난 막내아들 이방석과 사위 이제를 위한 불사를 크게 베풀었다.

"무인년의 변을 결코 잊지 않겠다!

그 뒤로 태조는 궁궐로 돌아오지 않고, 신덕왕후 강씨가 묻혀 있는 정릉을 참배하고 나서 오대산으로 정처 없이 떠났다.

왕위에 오른 이방원

 마침내 1400년 11월 13일, 정종이 상왕으로 물러나고, 이방원이 조선 제3대 왕위에 올랐다.
 그리고 태종 1년 1월 4일, 태종이 국왕으로서 처음 맞이하는 새해에 남양군 홍길만이 상소를 올렸다.

 '도읍이라 하는 것은 종묘사직이 있는 곳이고, 사방의 공부(나라에 바치던 물건이나 세금)가 폭주하는 곳이니, 중하게 하지 않을 수 없습니다. 생각건대, 태상왕(태조) 전하께서 개국하시자마자 한양에 도읍을 정하고 경영한 지 두어 해 만에 종묘사직, 궁궐, 성시(성이 있는 시가), 여염(백성의 살림집이 많이 모여 있는 곳)이 번성하였사온데, 수년이 못되는 동안에 조시(조정과 일반 시정)가 황폐해지고 여항(백성이 사는 거리)이 쇠락하여 슬퍼하지 않는 이가 없습니다. 또 종묘제향 때는 두 도읍에 왕래해야 하는 폐단이 작지 않으니, 이것이 어찌 효도하는 도리이겠습니까? 엎드려 바라건대, 전하께서는 태상왕의 개국건도(나라를 열고 도읍을 세움)한 뜻을 잘 이으시어 만세의 한없는 업을 정하소서.'

하지만 한양 천도 문제는 쉽게 해결되지 않았다. 태조는 계속 한양으로 돌아갈 것을 주장하며 틈만 나면 한양을 방문하고는 했다. 하지만 민심은 전혀 반대였다.

"개경을 도읍으로 삼는 데 뭐가 문제란 말인가? 피비린내 풍긴 한양으로 돌아가고 싶거든 왕족들이나 가라고 해라. 우리 백성은 개경에 남겠다!"

한양 천도를 반대하는 민심으로 인해 태종은 섣불리 결정을 내리지 못하고 우왕좌왕했다.

그런 데다 개경의 본궐인 수창궁이 불타 버리고 말았다.

"개경은 불길한 곳이니 서둘러 한양으로 천도해야 합니다."

"무슨 소리입니까? 아직도 민심은 개경 땅에 머물러 있는데, 그렇게 쉽게 결정할 일은 아닙니다."

인왕산 국사당
이 사당은 조선 시대에 나라에서 남산을 신격화한 목멱대왕에게 제사를 지내던 곳이다. 경대부는 물론 일반 백성도 이곳에서 제사를 지낼 수 없었다. 국사당은 원래 남산 팔각정 자리에 있었으나 일제 강점기 때 일본인들이 조선 신궁을 지으면서 1925년에 지금 위치로 옮겨 왔다.

"개경도 아니고 한양도 아닌 제3의 땅을 찾아서 천도를 하는 것이 옳습니다."

조정은 도읍 문제로 한바탕 소란스러웠지만 여전히 별 뾰족한 수가 없었다.

그 무렵에 명나라도 혼란을 거듭하고 있었다. '정난의 역'을 일으킨 연왕은 명 황제인 혜제 군대를 무찌르며 빠른 속도로 부상하고 있었다.

명나라 혜제는 승승장구하는 연왕을 경계하지 않을 수

없었다. 또한 조선에 대해서도 경계를 풀지 않았다. 혜제는 태종의 즉위를 크게 문제 삼았다.

"조선의 변화에 대해 심히 이상하게 여길 수밖에 없다. 정종이 병으로 아우(이방원)에게 선위한 것이 과연 진실한 마음에서 나온 것인가? 그 아비 태조가 작은아들(이방원)을 총애하여 왕위를 바꾼 것인가? 그 아우가 불의(不義)한 일을 한 것은 아닌가? 혹시 명나라 조정을 얕보고 시험하여 희롱하는 것인가? 혹시 나라 안에 내란이 있어 그리한 것인가?"

그런데 명나라 병부의 사신이 조선을 찾아오면서 태종의 심기를 불편하게 만드는 일이 일어났다.

"조선의 왕은 내가 가는 길 위에 미리 나와서 말에서 내려 예를 다하도록 하라."

그 말을 전해 들은 태종은 몹시 불쾌해 했다.

"과인이 먼저 말에서 내리는 것이 예의라고? 단목지는 조명(황제의 명)이 없이 다만 병부의 자문을 가지고 조선

땅에 왔을 뿐인데, 일국의 왕인 나에게 먼저 말을 내리라니!"

태종은 단목지를 인도하는 일을 맡은 한상경을 불러 단호하게 말했다.

"단목지가 오게 되면, 사람을 시켜 내가 여기에 있다는 것을 알려라. 그렇게 하면 단목지는 반드시 말에서 내릴 것이다. 내 그때에 장막 밖으로 나가 예를 거행함이 옳다."

태종은 단목지가 오는 길목인 개경 서쪽 외곽에 장막을 치고 그 안에 머물렀다. 예상대로 단목지는 멀리서 장막을 보고 말에서 내렸고, 그때서야 태종은 밖으로 나가 단목지를 맞이했다.

조선은 명나라에 말 만 필을 보내기로 되어 있었는데, 이미 7천 필은 명나라로 보내져 있었다. 그러니까 단목지는 남아 있는 말 3천 필 문제로 조선을 방문했던 것이다.

그런데 태종은 미리 사람을 보내어 단목지에 대해 조사하게 했고, 단목지는 3천 필의 돈을 요동에 놔두고, 빈손으로 왔다는 정보를 입수했다.

"단목지가 장난을 치고 있구나. 말 3천 필이 애들 장난감도 아닌데, 거저 줄 수야 없는 일이지."

태종은 단목지에게 말 한 필도 넘겨주지 않을 작정을 했다. 단목지는 태종에게 말 3천 필을 먼저 가져가겠다고 했다. 단목지의 말에 태종이 대답했다.

"먼저 가져가고 돈을 나중에 주겠다는 것인데, 예전에 양국이 약속하기를 말 값이 다 오면 차례대로 말을 보내기로 했소. 그런 데다 말 값이 천정부지로 올라 이미 보낸 7천 필의 말 값만으로도 우리 조선은 엄청난 손해를 입은 것이오."

태종의 단호한 태도에 단목지는 당황해 했다.

"말을 바꾸는 일이 매우 더딘데, 개선해야 될 일입니다."

단목지는 그런 말로 시비를 걸었지만 태종은 요지부동이었다.

"애석하게도 조선에는 명나라에 보낼 말이 한 필도 없다는 사실이오."

 태종은 기어이 말을 한 필도 보내지 않았다. 또한 명나라에 사신을 보내 이미 7천 필로 교역이 다 이루어졌으니 나머지 3천 필을 다 채울 필요가 없다는 답을 받아 냈다.

 "이제 명나라와의 말 교역은 종료되었다!"

 태종이 명나라와의 말 교역을 중단한 데는 분명한 이유가 있었다. 태종은 명나라 사신으로 갔던 최유경에게 중대한 보고 한 가지를 들었다.

 "지금 명 황제의 군사 숫자는 많지만, 연왕과의 싸움에서 백전백패하고 있습니다."

 또한 혜제(당 황제)에게 붙었던 요동 사람들이 조선으로 피난해 오는 사태가 빈번하게 일어났다.

 "중국 대륙은 아직도 혼란을 거듭하고 있다. 만에 하나 승승장구하는 연왕이 혜제를 누르기라도 하는 날이면 분명히 우리가 보낸 말을 두고 시비를 걸 것이다. 훗날 자칫 보복의 빌미를 줘서는 안 된다."

그러니까 태종의 말 무역 중단은 명나라와의 자존심 대결이 아니라, 주변 정세를 정확히 파악한 대응책인 셈이었다. 태종의 판단은 정확했다. 5월에 연왕의 군대가 남경을 압박하기 시작했고, 6월에 명 혜제는 실종되었다. 이어 연왕이 황제로 등극했다. 그가 곧 명 성조다.

그런데 명 성조는 조선과의 혼인관계를 원했다. 그런데 그 정보를 사전에 입수한 태종은 서둘러 손을 썼다.

"명 황실에 공주를 시집보낼 수는 없다. 명나라에서 요구를 해 오기 전에 서둘러 공주들을 출가시켜야 한다."

태종은 둘째 딸 경정공주를 조준의 아들인 조대림과 결혼시킬 계획을 세웠다. 그런데 그 일을 두고 사간원에서 반대를 하고 나섰다.

"조대림은 모친상을 당한 지 네 달 밖에 되지 않았습니다. 상중에는 관직에 나아가는 것도 금지되어 있는데, 하물며 결혼이라니요!"

"조선은 유교를 받들고 있습니다. 그 혼인은 절대 불가

합니다."

 하지만 태종은 물러서지 않고 경정공주와 조대림을 결혼시켜 버렸다. 그리고 세 달 뒤인 12월에는 셋째 딸 경아공주도 권근의 아들 권규와 결혼시켰다.

"명나라와는 너무 멀어서도 안 되고, 너무 가까워서도 안 된다."

 명나라와의 관계가 어느 정도 안정을 되찾아가자, 태종은 세자 책봉 문제를 서둘렀다.

"원자 이제(양녕)를 왕세자로 삼겠다!"

태종은 원자 이제를 왕세자로 올리는 교서를 내렸다.

'원자 이제는 적장자의 지위에 있고 남보다 빼어난 자질이 있다. 그러나 예의와 겸양을 알지 못하니, 장차 어찌해야 어진 이와 친하겠으며, 고훈(옛글)을 익히지 못하였으니, 또한 어찌해야 정치를 보필하겠는가?'

인왕사
인왕산 인왕사는 130년 전통 사찰이다. 우리나라 수도 서울을 중심으로 북쪽에 백악산과 인왕산이 있다. 그 중에서도 청와대가 위치한 백악산은 명당 중의 명당으로 손꼽히고, 청와대를 배경으로 한 산은 백악산(해발 342m)이고, 바로 우측에 인왕산이 있다. 인왕산은 해발 338m이지만 예로부터 호랑이가 출몰하였다는 이야기가 빈번할 정도로 산세가 험하기로 소문이 나기도 했다.

태종은 양녕을 세자로 임명하면서도 크게 염려했던 것은, 양녕이 공부에는 전혀 뜻이 없었기 때문이었다.

그러나 태종은 마음이 급했고, 양녕이 학문에 많은 노력을 기울여 주기를 간절하게 바랐다. 태종은 간혹 양녕을 불러 함께 밥을 먹기도 했다. 하지만 양녕은 식사 예절이 엉망이라는 이유로 태종에게 크게 꾸지람을 들어야 했다.

"내가 젊었을 적에 편안히 놀기만 하고 배우지 아니하여 거동에 절도가 없었다. 지금 임금이 되어서도 백성의 뜻에 제대로 부합하지 못하니, 마음속으로 스스로 부끄러워한다. 네가 비록 나이는 적으나 그래도 세자다. 언어와 거동이 어찌 이렇게 절도가 없느냐? 서연관이 일찍이 가르치지 않았더냐?"

그 무렵에도 조정은 천도 문제로 연일 시끄러웠다. 수많은 우여곡절을 겪었는데도 천도 문제가 해결되지 않자, 태종이 직접 나섰다.

"직접 한양을 살펴보고 환도 문제를 결정하겠다."

태종은 한양을 돌아보기 위해 1404년(태종 4) 9월 26일 행차를 준비했다. 하지만 정작 한양 행차는 다음 달인 10월 2일에서야 가능했다. 그 사이에 셋째 형 익안대군이 세상을 떴던 것이다.

태종은 조준, 하륜, 권근과 이천우 등 종친들과 함께 한양의 무악을 찾았다.

무악에 도착한 일행은 곧바로 산 정상으로 올라가 주변 산세를 살폈다.

"여기가 도읍하기에 합당한 땅이다. 가히 도읍이 들어앉을 만하다."

태종은 무악을 마음에 들어 하며 풍수지리 전문가인 윤신달, 이량, 민중리 등에게 의견을 물었다.

"일단 한양은 물이 끊기는 곳이라서 도읍에 적당하지 않습니다."

"한양은 명당이지만 물이 없습니다. 무악이 낫습니다."

"한양이 비록 명당에 물이 없다고 하나, 광통교 이상에서는 물이 흐르는 곳이 있습니다. 전면에서 물이 사방으로 빙 둘러싸고 있으므로 웬만큼 도읍할 만합니다."

신하들의 의견을 경청한 태종이 입을 열었다.

"내가 어찌 신도에 이미 이루어진 궁실(경복궁)을 싫어하고 이 풀이 우거진 땅을 좋아해 다시 토목의 역사를 일으키려 하겠는가? 다만 한양은 돌산이 험하고 대궐이 있는 자리에 물이 끊어져 도읍하기에 불가능한 까닭이다. 내가 지리서를 보니 '먼저 물을 보고 다음에 산을 보라' 하였다. 만약 지리서를 따르지 않는다면 그만이지만, 따라야 한다면 현재의 경복궁은 물이 없는 곳이니, 도읍하는 것이 불가한 것은 명확하다. 너희는 모두 지리를 아는데, 처음에 태상왕을 따라 도읍을 세울 때, 어찌 이러한 까닭을 말하지 않았는가?"

태종의 예리한 질문에 신하들은 변명하기에 급급했다.

"당시 부친상을 당해 한양에 오지 못했습니다."

"말씀을 올렸지만 받아들여지지 않았습니다."

태종은 한양이 낫다고 주장한 이양달을 불러 크게 호통을 쳤다.

"네가 도읍을 세울 때 태상왕을 따라가서, 경복궁이 있는 곳이 물이 끊어지는 땅이라서 도읍을 세우는 데 불가하다는 것을 어찌 알지 못하였느냐? 어찌하여 한양에 도읍을 세우고 크게 토목의 역사를 일으켜서 부왕을 속였는가? 부왕이 신도에 계실 때 편찮아서 위태하였으나 겨우 회복되었다. 그 후에도 변고가 여러 번 일어나고 하나도 좋은 일이 없었으므로 이에 송도로 환도한 것이다. 지금 나라 사람들은 내가 부왕이 도읍한 곳을 버린다고 허물하지 않느냐!"

태종은 이미 무악 천도를 머리에 두고 있었다.

"개경에 있자니 부왕이 두렵고, 한양으로 복귀하자니 민심이 두렵다. 두 가지를 어느 정도 해결하자면 무학 신도가 가장 적합한 방법이다."

하지만 개경, 한양, 무악 그 어떤 곳도 도읍으로 결정하기가 쉽지 않았다.

태종은 이틀 동안 곰곰이 생각했다.

그리고 결론을 내렸다.

"복잡한 일은 이미 꼬여 있어서 풀어내기가 쉽지 않다. 그렇다면 가장 간단하게 해결하는 것이 방법이다."

태종은 무악산을 방문한 이틀 뒤에 종묘 입구로 신하들을 불렀다.

"이제 종묘에 들어가 도읍의 후보로 개경과 신도와 무악을 고하고, 그 길흉을 점쳐 길한 데 도읍을 정하겠다. 도읍을 정한 뒤에는 비록 재변(災變)이 있더라도 더 이상 이의

가 있을 수 없다."

태종은 그렇게 말한 뒤에 제학 김첨에게 물었다.

"무슨 물건으로 점을 칠까?"

태종의 질문에 김첨이 대답했다.

"종묘 안에서는 동전을 던져 점을 치는 척전(擲錢)을 할 수 없으니 시초(蓍草)점으로 하는 것이 좋을 듯합니다."

시초점은 국화과의 여러해살이풀로 점을 치는 것이다. 거북점과 함께 고대 중국에서부터 길흉화복을 점칠 때 왕실에서 즐겨 사용했다고 한다.

"시초점은 주역의 괘를 이용해야 하니 대단히 복잡하다. 또한 당장 시초를 구하기도 어렵고 요즘 세상에서는 하지 않으니 곤란하다."

태종은 시초점을 반대하며 차라리 누구나 알 수 있는 척전으로 하기를 원했다.

"여러 사람이 함께 알 수 있는 것으로 하는 것이 낫다. 그리고 척전이라고 해서 속된 일이 아니고, 중국에서도 있었다. 고려 태조가 도읍을 정할 때는 무슨 물건으로 하였는가?"

태종이 묻자 조준이 대답했다.

"역시 척전으로 도읍을 정하였습니다."

"그럼 척전으로 도읍을 정하도록 하겠다."

태종은 신하들을 데리고 묘당(廟堂)으로 들어가 향을 올린 다음 꿇어앉아 이천우에게 쟁반에 동전을 던지게 했다.

"앞면을 길, 뒷면을 흉으로 정한다. 각 경우에 세 차례씩 동전을 던지는 방식으로 진행한다."

그런데 결과는 한양은 길이 두 번, 흉이 한 번이었다. 개경과 무악은 길이 한 번, 흉이 두 번이었다.

"한양으로 천도하는 것으로 결정이 되었다!"

동전으로 점을 쳐서 한양 천도를 결정한 태종은 즉시 향교동에 대궐 구실을 할 수 있는 이궁을 지으라는 명을 내렸다.

  태종의 한양 천도 결정을 가장 반긴 사람은 태조였다.

  "내가 죽기 전에 다시 한양으로 천도를 할 수 있게 되었으니 참으로 기쁜 일이로다."

  한양은 이미 태조 때에 묘사·궁궐·조시·도로 및 도성 등을 고루 갖추었다. 하지만 다시 환도를 계획할 무렵의 한양은 산간 분지처럼 되어 있었다. 사방의 산에서 흘러 내려오는 물과 많은 가옥에서 버리는 물을 빼내는 큰 배수로가 필요했다. 태종은 1411년 말 무렵에 개천도감을 설치했다. 그리고 1412년 초에 약 1개월 동안 삼남 지방의 군대를 동원해서 한양에 개울을 내는 개천 작업을 벌였다. 그때 생긴 것이 지금의 청계천이다.

한양 천도와 선위 파동

개경에서 한양으로 환도한 것은 그 이듬해 10월이었다. 한양 천도가 마무리 된 뒤, 태종은 왕권 강화를 위한 시도를 본격화하기 시작했다.

그런데 태종 6년 4월, 명나라의 사신 황엄이 제주도의 불상을 명나라로 가져가겠다고 요구했다.

"제주도 법화사의 아미타삼존불상은 원래 원나라 때 양공이 만든 것이므로 당연히 우리 명나라가 주인입니다. 그러니 그 불상을 가져가겠습니다."

그 말에 태종은 즉각 대답했다.

"당연하지요. 다만 바다를 건너다가 부처님 귀에 물이 들어가지나 않을까 걱정이외다."

하지만 태종은 즉각 사람을 제주도로 보냈다.

"법화사의 불상을 나주로 옮기도록 해라. 저들은 불상을 가지러 제주도에 가려는 것이 아니라, 제주도를 정탐하기 위해서다. 저들이 제주도에 갈 필요가 없게 만들어야 한다."

수어장대(경기도 광주시)
수어장대는 지휘와 관측을 위한 군사적 목적에서 지은 누각으로 남한산성의 서쪽 주봉인 청량산에 있다. 성 안에 남아 있는 건물 중 가장 화려하고 웅장하게 지어졌으며 왼쪽에는 사당인 청량당이 있다.

결국 황엄 일행은 제주도에 발을 디딜 필요도 없이 나주에서 불상을 인계받아야 했다. 하지만 황엄 일행은 계속 불상을 두고 태종과 신경전을 벌였다.

태종이 황엄 일행이 머물고 있는 태평관을 찾아오자, 황엄은 태종에게 불상에 예를 행할 것을 요구했다.

"조선의 왕은 황제를 대하듯이 불상을 향해 다섯 번 절하고, 세 번 머리를 조아리는 예를 행해야 합니다."

하지만 태종은 망설이지 않고 대답했다.

"내가 여기에 온 것은 황제의 칙사를 위한 것이지 불상을 위한 것이 아니오. 불상이 중국에서 왔다면 마땅히 절하여 공경의 뜻을 표해야 옳겠지만 지금은 그렇지 않은데 절할 필요가 있겠소?"

태종은 그 문제를 좀 더 정확하게 하기 위해서 지신사 황희를 불렀다.

"황엄과 있었던 일에 대해 의정부의 의견을 묻도록 하시오."

그런데 정승들은 한결같이 황엄의 말대로 할 것을 주장했다.

"지금의 황제가 불교를 숭상해서 이곳까지 와서 불상을 구하려 하고 있습니다. 황엄의 사람됨이 난폭하다는 것은 천하가 다 아는 사실이니 임시방편으로 예불하는 것이 좋겠습니다."

정승들의 말에 태종은 불같이 화를 냈다.

"여러 신하가 황엄 한 사람을 두려워하는 것이 이와 같은데, 하물며 의를 지켜 임금의 어려움을 구할 수 있겠는가? 고려의 충혜왕*이 원나라에 잡혀 갔을 때, 고려 신하 중에서 충혜왕을 구하려 드는 자가 한 명도 없었다. 내가 위태롭고 어려움을 당해도 역시 그러하겠구나!"

태종은 고려의 충혜왕이 홀로 원나라로 끌려가 죽음을 맞이했던 것처럼, 자신을 둘러싸고 있는 신하들도 위급한 상황에 닥치면 거침없이 왕을 버릴 수 있다고 판단했다.

"지금 조정을 장악하고 있는 세력은 모두 나를 왕에 옹립하는 데 큰 역할을 했던 일등 공신들이다. 하지만 이제 그들은 밥그릇 싸움에 혈안이 되어 있을 뿐이다. 그들은 왕을 능가하는 세력을 갖고 있다. 그들을 제거하는 것만이

충혜왕은 1328년(충숙왕 15), 세자로서 원나라에 볼모로 가 있다가 이듬해 아버지 충숙왕이 양위를 원하여, 1330년에 왕위에 올랐다. 주색과 사냥을 일삼고 정사를 돌보지 않다가, 원나라에 국새를 빼앗기고 부왕 충숙왕에게 양위한 뒤에 원나라로 소환되었다. 1339년 충숙왕이 죽자 복위하였으나 방탕함은 여전하여 다시 원나라로 소환되었다가 귀국했다. 그러나 여전히 횡포가 심하여 백성들을 괴롭히고 재화를 탕진함으로써 나라는 혼란에 빠졌다. 이에 이운 등의 상소로 횡포가 원나라에 알려지자 1343년 원나라 사신들이 그를 게양(중국의 산둥성)에 귀양 보냈는데, 이듬해 죽었다.

조선 왕실이 살길이다. 반드시 그들을 제거하고 말겠다!"

태종이 가장 표적으로 삼은 인물은 세자 양녕의 외숙부인 민무구*의 형제들이었다.

"세자는 어린 시절에 외가에서 자라면서 외숙들과 매우 친근하게 지냈다. 민무구 형제는 양녕을 왕으로 옹립하기 위해 영특한 충녕 등을 제거하려 한다는 소문까지 떠돌고 있지 않은가. 이미 대신들도 민씨 형제 쪽에 기울어져 있다. 부왕의 뜻을 거스르면서까지 정도전, 정몽주 등을 없앤 것은 왕권 강화를 위해서였다. 또 한 번 칼을 휘둘러 왕권을 위협하는 씨앗을 모조리 제거해야 된다."

태종은 민무구 형제를 제거할 기회를 엿보았다. 원경왕후는 그 무렵의 가장 실세인 민제의 딸이었다. 민무구, 민무질, 민무휼, 민무회 등 네 동생의 세력도 만만치 않았다. 민무구, 민무질은 1·2차 왕자의 난 때 태종을 크게 도운 혁명 동지였다.

민무구는 조선 전기의 문신이다. 태종비 원경왕후의 동생이었으나, 어린 세자를 통해 권세를 탐하려 했다는 죄목으로 제주도로 유배형을 받아 사사되었다.

하지만 태종은 양녕을 등에 업고 권세를 탐하는 민씨 형제를 몹시 못마땅하게 여기고 있었고, 왕권을 강화하기 위해서는 무엇보다 외척을 배척하는 것이 중요하다고 여기고 있었다.

그런데 황엄이 돌아간 지, 두어 달이 지날 무렵, 태종은 원경왕후, 왕자들을 거느리고 장인인 여흥부원군 민제의 집을 방문했다.

"오랫동안 들르지 못해 틈을 내어 왔습니다."

"이렇게 반가울 데가 어디 있겠습니까? 모쪼록 옛 고향집을 온 듯 편안하게 지내십시오."

민제는 태종을 위해 시 세 편을 지어 감사의 정을 표하기도 했다.

술자리는 흥겨웠고, 마침내 돌아갈 시간이 되자 민제는 태종을 전송하기 위해 대문 밖에 서 있었다.

"그만 들어가시지요."

태종이 민제를 말렸지만 민제는 아랑곳하지 않고 자리를

지켰다.

"마마께서 먼저 말에 오르십시오. 그런 다음에 들어갈 것입니다."

민제가 한사코 자리를 뜨지 않자 이번에는 민무질이 나섰다.

"아버님께서 들어가셔야 성상께서 말에 오르실 것입니다."

아들의 말에 민제는 작은 소리로 말했다.

"네가 어찌 내 뜻을 아느냐."

민제는 꼼짝 않고 그 자리를 지키자, 태종은 열 걸음 정도 걸어가다가 말에 올랐다.

"나는 누구보다 전하의 성품을 잘 안다. 비록 네 누이가 왕후 자리에 있지만, 그 부귀영화가 영원하다는 생각은 품지 마라. 나는 너희의 괄괄하고 거침없는 성격이 걱정스럽구나."

민제는 태종이 왕권 강화를 위한 일이라면 절대 망설임

이 없는 성격임을 잘 알고 있었다. 특히 태종은 외척 세력에 대해 몹시 부정적이었다. 태조 때 계모 강씨 집안의 권력 강화 때문에 큰 유혈극이 벌어질 수밖에 없었다는 것을 절대 잊지 않았다.

"왕과 우리 민씨 집안과의 오월동주는 여기까지일지도 모른다. 오늘 느닷없이 우리 집을 방문한 데는 분명한 이유가 있을 것이다."

그런데 8월 18일, 태종은 선위 파동을 일으켰다.

"세자에게 왕위를 물려주겠다!"

태종의 선위 파동은 조정을 발칵 뒤집어 놓았다.

"전위를 받아들이면 임금에 대한 불충이고, 받아들이지 않으면 훗날 임금에 대한 불충이 된다."

태종도 백관의 불편한 심기를 잘 알고 있었다. 하지만 아랑곳하지 않고 옥새를 세자전에 갖다 주게 했다.

옥새를 받은 세자 양녕은 어찌할 바를 모르고 울음을 터뜨렸다.

남한산성 성벽
북한산성(北漢山城)과 더불어 서울을 남북으로 지키는 산성 중의 하나로, 신라 문무왕(文武王) 때 쌓은 주장성(晝長城)의 옛터를 활용하여 1624년(인조 2)에 축성(築城)하였다.

"내 나이 겨우 열세 살인데 어찌 한 나라를 이끌 수 있다고 생각하셨단 말이냐?"

양녕은 직접 옥새를 받들고 정전으로 갔다.

"신은 아직 나이가 어리고 아는 것이 없어서 감당해내지 못하겠습니다."

조정 신하들도 대경실색하며 태종의 전위를 만류하고 나섰다. 다만 민씨 형제들만이 태종의 선위 표명을 적극적으로 반대하지 않았다.

며칠 뒤에서야 태종은 슬그머니 뒤로 물러났다.

태종의 선위 파동은 측근인 하륜과 이숙번이 의심 많고 권력 집착이 강한 태종의 성격을 잘 이용하여 민씨 형제를 제거하려

했다고 보기도 한다.

그 무렵에 많은 대신들은 민씨 형제 쪽에 기울어져 있었고, 태종은 민씨 형제의 권력이 더 강해질 경우에 양녕을 제외한 다른 왕자들이 다칠 수 있다고 판단하고 선위 파동을 일으켜 그들을 제거할 명분을 얻었다는 것이다. 또한 신하들의 내심을 파악하고, 동시에 민씨 형제와 같이 눈에 거슬리는 세력을 척결하기 위한 계획적인 일이었다고 보고 있다.

1차 선위 파동이 끝난 뒤, 태종은 민무구 형제에 대한 생각을 확실하게 굳혔다.

태종은 무엇보다 민무구 형제가 세자를 뺀 다른 왕자들을 없애려 한다는 소문을 크게 두려워했다.

민무구 형제는 태종이 왕위에 오를 때 사병을 동원하여 큰 도움을 준 세력이었다. 때문에 당시 권력이 민씨 형제에게 많이 쏠려 있었다. 태종은 만일 양녕이 왕위에 오르면 효령과 충녕의 목숨이 위태로울 것이고, 특히 태종의 신임이 두터운 충녕이 목숨을 부지하기 어렵다고 보았다.

새해 첫날, 태종은 문소전에서 제사를 지낸 후, 세자와 다른 왕자들에게 음식을 내리고 이렇게 말했다.

"내 아들 가운데 죽은 자가 여섯이고, 지금 다만 네 아들만이 남아서 밥을 같이 먹고 있으니 부모의 마음이 어떠하겠는가? 내가 우애하는 도리를 가르칠 것이니, 너희는 그리 알라."

태종이 새해 첫날부터 가족 이야기를 끄집어낸 것을 『실록』에는 '지난번에 민무구 형제가 여러 왕자를 제거할 뜻을 가졌던 것을 언짢게 여긴 까닭'이라고 풀이해 놓았다.

실제로 『실록』에는 태종이 다른 왕자들을 크게 염려했다고 기록되어 있다.

"임금의 자식은 맏아들만 남기고 그 나머지는 모두 죽여야 하느냐!"

그런데 1차 선위 파동이 끝난 뒤, 대간들이 하륜과 박은에 대한 탄핵 상소를 올렸다.

두 사람은 태종의 최측근이었다.

"이는 나에 대한 대신들의 도전이다!"

태종은 마음이 다급했고, 결국 1차 선위 파동이 끝난 지, 3년 뒤인 1409년에 다시 선위 파동을 일으켰다.

"내가 자식을 여럿 두었는데, 민구무 등이 해하려고 했기 때문에 지난 병술년에 왕위를 사퇴하여 피하려고 했었다. 그러나 신하들의 저지를 받아 행하지 못했는데, 이 때문에 민무구는 안색에 노기를 드러냈다."

태종은 이천우, 김한로, 이응, 황희, 조용, 김과 등을 불러 놓고 마음에 숨겨 놓은 말을 털어놓았다. 그것은 민무구 형제로부터 왕자들을 보호하기 위해 선위를 표명했음을 드러낸 말이었다.

대신들은 태종이 민무구 형제로부터 왕자들을 보호하려는 단계를 넘어 그들을 완전히 제거하려는 목적임을 정확히 파악했다.

"민무구 형제의 죄를 엄히 다스려 왕실의 기강과 나라의 안녕을 꾀해야 합니다."

대간에서는 연일 민씨 형제를 대역죄로 다스려야 한다고 상소를 올렸다.

하지만 태종은 섣불리 결정을 내리지 않았고, 일 년 뒤인 1410년에 다시 선위 파동을 일으켰다.

그동안 민무구 형제에 대한 탄핵의 불길은 수그러들 기미가 보이지 않았다. 태종은 11월 21일, 마침내 결단을 내렸다.

"무구를 여흥으로, 무질은 대구로 유배 조치하도록 하라!"

태종의 그런 결정은 두 형제의 아버지인 민제의 제안이었다.

"그대로 뒀다가는 유배형이 아니라 극형에 처해지고 말 것이다. 극형을 면하려면 서둘러 유배를 가는 것이 좋다."

민제는 태종을 찾아가 두 아들을 유배 보내 줄 것을 간청했고, 태종은 민제의 청을 받아들였다. 그러나 신하들은 거기에서 멈추지 않았다.

"민무구 형제가 살아 있다가 양녕대군이 즉위한다면 그 감당을 누가 한단 말인가."

"필시 민씨 형제는 복수를 할 것이고, 그렇게 되면 수많은 사람이 숙청당할 것이 뻔하다."

민무구 세력을 제거하는 데 가장 앞장선 사람은 하륜과 이숙번이었다. 두 사람은 대간들을 통해 지속적으로 민씨 형제를 극형으로 다스릴 것을 상소했다.

그 와중에 세자의 외할아버지인 민제가 세상을 떴다. 그리고 민씨 형제 측근이던 이무, 조희민, 강사덕이 은밀히 민씨 형제와 연락을 취하다 발각되고 말았다.

"이무를 없애고, 민씨 형제를 제주도로 이배한다!"

그리고 이듬해인 1410년(태종 10), 유배 가 있던 민씨 형제에게 자진 명을 내렸다.

그 일로 원경왕후는 마음의 병을 얻어 자리에 눕고 말았다. 그러자 민무휼과 민무회가 누나인 원경왕후 병을 살피기 위해 병문안을 왔다가 대궐 뜰에서 양녕을 만났다. 그런데 민무휼과 민무회는 양녕을 보자마자 다짜고짜 따지듯 물었다.

"이제 민씨 집안은 망하게 생겼습니다."

그 말에 양녕은 불편한 표정으로 대답했다.

"외삼촌댁 가문은 깨끗하지 못합니다."

양녕의 말에 두 사람은 깜짝 놀랐다.

"세자는 우리 가문에서 자라나지 않으셨습니까?"

민무회가 억울하다는 듯이 말했다. 그 말에 양녕은 노골적으로 못마땅한 표정을 지었다. 언제까지나 외가를 두둔할 것이라고 믿었던 양녕의 못마땅한 표정을 보고 두 사람은 이내 사태를 파악했다.

"잡담이니 잊어버리시기 바랍니다."

두 사람은 그런 말로 사태를 얼버무렸다.

그런데 2년이 지나서야 그 이야기를 태종에게 전한 사람은 양녕이었다. 그 일은 가까스로 살아남은 민씨의 두 형제를 다시 사지로 몰아넣기에 충분했다.

섬진강
전북 진안군과 장수군의 경계인 팔공산에서 발원하여 진안군 백운면과 마령면 등에 충적지를 만들고, 임실군 운암면에서 갈담저수지로 흘러든다. 곡성읍 북쪽에서 남원시를 지나 흘러드는 요천과 합류한 후 남동으로 흐르다가 압록 근처에서 보성강과 합류한다.

"사실인지 아닌지는 모르겠지만 왜 세자는 두 외삼촌마저 제거하려고 했을까?"

"이제 외가는 꺼져 가는 촛불이나 진배없는데, 마지막 남은 두 사람까지 죽음으로 몰아넣는 까닭이 무엇일까."

"아마도 세자가 부왕에게 과잉 충성을 하는 것 같군."

"외가가 몰락했다는 것은 자신을 받쳐주는 세력이 모조리 사라졌다는 것이 되니 이제라도 부왕에게 인정을 받고 싶은 모양이군."

사람들은 양녕의 행동을 이해하지 못했다. 민무휼과 민무회는 즉시 끌려왔고, 태종은 두 사람에게 사실 여부를 따졌다.

"우리는 모르는 일입니다. 벌써 2년이 지난 이야기를 어찌 다 기억하겠습니까?"

두 사람은 완강하게 버텼지만, 신하들을 앞다투어 처벌을 요구하는 상소를 올렸다. 결국 두 사람은 유배지로 떠나야 했고, 태종 16년 1월 13일, 자진했다.

외척을 견제하기 위해 세 차례에 걸쳐 벌인 태종의 선위 파동은 민씨 집안의 몰락으로 종결되었다.

원경왕후의 분노와 양녕의 방황

 민씨 집안의 몰락으로 원경왕후의 분노는 극에 달해 있었다.
 "나와 내 동생들의 헌신적인 지원이 없었다면 절대 왕이 될 수 없었습니다. 제아무리 권력은 형제간에도 나눌 수 없는 것이라고 하지만, 이 나라는 이씨 혼자만의 왕국이 아니라 민씨의 왕국도 됩니다!"
 거침없는 성격인 원경왕후는 태종을 찾아가 강하게 몰아세웠다.
 "어떻게 내 아우를 그리도 무참하게 죽일 수 있단 말입니까? 세자 눈이 무섭지도 않습니까?"
 태종도 원경왕후의 분노를 참지만은 않았다. 태종 11년

9월 3일, 태종은 은밀하게 지신사 김여지를 불러들였다.

"폐비 문제를 검토하도록 하라. 왕비가 친정 동생들 일로 내게 분한 마음을 품고 여러 차례 불손한 행동을 했으니 용서할 수가 없구나. 다만 조강지처이고, 세자의 어머니이니 쉽게 결정할 일은 아니다."

화엄사의 올벚나무(전라남도 구례군)
벚나무는 조선 시대 무기를 만드는 자원이었다. 인조 대왕이 오랑캐에게 짓밟혔던 옛날을 생각하며 이를 대비하고자 벚나무를 심게 했는데, 고승 벽암선사가 화엄사 근처에 많은 벚나무를 심었다고 한다. 지금은 한 그루만이 남아 있다.

태종의 말에 김여지가 극구 반대하고 나섰다.

"폐비라니요! 절대 있어서는 아니 될 일입니다!"

김여지는 기겁을 하며 태종을 말렸다.

"나 또한 가볍게 폐하고자 하는 것은 아니다. 다만 내사

(內事)를 대신하여 맡을 만한 자를 선택하여 들이고자 하는 것일 뿐이다."

"그 말씀은 그냥 후궁이 아니라 중궁을 대신해 왕실의 안방 살림을 책임질 후궁을 뽑겠다는 뜻이 아닙니까?"

"그렇다."

"그것 또한 실질적인 폐비입니다!"

김여지가 말렸지만, 태종은 후궁 선발을 일사천리로 진행했다.

"한 명도 아닌 세 명이나 후궁을 뽑다니!"

"이건 완전히 원경왕후의 세력인 민씨 세력을 모조리 뿌리 뽑겠다는 것이로구나!"

대간과 대신들은 태종의 결정을 크게 우려했다.

이미 태종은 즉위 원년 새해 첫날부터 처남인 민씨 형제를 견제하려는 뜻을 내비쳤다고 한다. 민씨 형제들과의 갈등은 원경왕후 민씨와의 불화가 중요한 요인이었다고 보고 있다. 태종

2년, 태종은 성균악정 권홍의 딸을 첫 번째 빈으로 맞이할 결정을 내렸다. 그 소식을 전해 들은 원경왕후는 태종의 옷을 붙잡고 울면서 따졌다.

"상감께서는 어찌하여 예전의 뜻을 잊으셨습니까? 제가 상감과 더불어 함께 어려움을 지키고 같이 화란(禍亂)을 겪어 국가를 차지하였사온데, 이제 나를 어찌 이렇게 무시할 수 있습니까?"

원경왕후는 단식으로 태종과 맞섰고, 결국 태종은 가례를 갖지 못한 채 환관과 시녀 몇 사람이 권씨를 별궁에 맞아들이는 것으로 혼례를 끝내야 했다. 그 일로 두 사람의 사이는 크게 멀어지고 말았다.

마음고생을 해야 했던 원경왕후 입장에서는 세자 양녕에게 큰 기대를 걸었을 수도 있다.

그런데 태종의 민씨 제거 종결은 세자 양녕에게 큰 상처를 안겨 주었다.

"나는 외가에서 태어났고, 어린 시절을 외가에서 보냈기 때문에 외삼촌들과 친했다. 내가 세자만 아니었어도 전하께서는 외가를 몰살시키지 않았을지 모른다. 외척을 견제한다는 명분으로 수많은 후궁을 들이고, 외가를 이 지경까지 만드시다니!"

양녕은 궁궐 생활에 염증을 느끼기 시작했다.

"한 마리 새처럼 훨훨 날아다니며 자유롭게 산다면 얼마나 좋을까."

그 뒤, 양녕은 시도 때도 없이 엽색 행각을 벌여 왕실을 발칵 뒤집어놓고는 했다.

1410년 11월, 명나라 사신을 위해 베푼 연회장에 많은 기생이 동원되었다. 그 자리에서 봉지련이라는 기생을 좋아하게 되었다. 봉지련의 자태에 빠진 양녕은 그날부터 그녀의 집을 몰래 드나들기 시작했고, 급기야는 세자궁으로 불러들였다. 하지만 그 일은 곧장 태종의 귀에 들어가고 말았다.

"당장 그년을 옥에 가두고, 그년을 세자에게 데려온 시종들을 곤장으로 다스려라!"

그러나 양녕도 가만있지 않았다. 식음을 전폐한 채 태종과 맞섰다.

"세자가 아직 어린데 상사병으로 건강이라도 상할까 봐 걱정이로구나."

먼저 손을 든 사람은 태종이었다.

"봉지련을 풀어주되 그녀를 두 번 다시 동궁으로 불러들이지 못하게 하라!"

하지만 양녕은 봉지련을 포기하지 않았다.

"봉지련을 궁궐로 불러들이지 말라고 했지, 나더러 궁궐을 빠져나가 만나지 말라는 뜻은 아니렷다."

양녕은 태종의 눈을 피해 밖으로 나가 봉지련을 만났다.

"바깥 생활이 이렇듯 재미있었구나."

양녕은 궐 밖의 생활에 재미를 붙이기 시작했고, 많은 기생과 어울리며 민가의 음률과 춤, 그리고 매사냥 법을 배웠다.

태종 14년 10월에 이백강의 집에서 연회가 열렸다. 이백강은 태종의 맏딸 정순공주의 남편이었다. 그날, 연회는 이백강이 아버지 이거이의 상을 무사히 끝낸 것을 위로하기 위해 마련된 자리였다. 양녕은 물론이고 충녕 등 많은 종친들이 그 자리를 함께했다.

그 자리에서 양녕은 기생 초궁장을 몹시 눈에 들어 했다.

"참으로 아름다운 여인이로구나."

양녕은 그 자리가 이백강을 위로하는 자리라는 것도 잊은 채 초궁장을 희롱하는데 정신이 팔려 있었다. 충녕은 그런 양녕을 몹시 못마땅하게 여겼다.

양녕은 충녕의 눈을 피해 초궁장을 정순공주 대청으로 데리고 들어갔다.

"충녕은 보통 인물이 아닙니다."

양녕은 정순공주에게 투덜거리듯이 말했다. 양녕의 행동은 즉시 태종 귀에 들어갔다.

"세자는 여러 동생들과 비할 바가 아니라는 것을 모르느냐. 그저 예나 지키고 돌아오라 하였거늘 어찌하여 그처럼 방종하게 놀았단 말이냐?"

그런데 태종이 마치 눈앞에 보고 있듯이 양녕의 일거수일투족을 다 알 수 있었던 것은 충녕 때문이었다. 충녕은 거느리고 있는 시종을 풀어 양녕의 행동을 낱낱이 살피게 했고, 현장으로 직접 찾아가 거침없이 충고하는 일이 잦았다. 그리고 그 일은 곧바로 태종의 귀에까지 들어가고는 했다.

태종 16년 1월, 그날도 양녕은 궐 밖에 나가 기생들과 어울려 놀 생각으로 옷을 갖춰 입었다.

"내 차림이 어떠냐? 다른 사람 마음에 들 정도이냐?"

양녕이 주변 사람들에게 묻자 옆에 있던 충녕이 정색을 하고 말했다.

"먼저 마음을 바로잡은 뒤에 용모를 닦으시는 것이 옳습니다."

양녕은 그 말에 언짢은 표정을 지었다. 그러자 옆에 있던 신하가 충녕을 두둔하고 나섰다.

화엄사 각황전(전라남도 구례군)
원래 각황전 터에는 3층의 장륙전이 있었고 사방의 벽에 화엄경이 새겨져 있었다고 하나, 임진왜란 때 파괴되어 만여 점이 넘는 조각들만 절에서 보관하고 있다.

"충녕대군의 말씀이 백 번 옳습니다. 저하께서는 훗날까지도 오늘의 이 말씀을 잊지 마십시오."

양녕은 더 이상 충녕을 나무라지 않고 그 자리를 피했다.

그 일은 모조리 태종의 귀에 들어갔다. 며칠 뒤, 태종은 양녕을 불러 문무를 논했다. 그런데 그 자리에서 양녕은 느닷없이 충녕을 입에 올렸다.

"충녕은 용맹하지 못합니다."

양녕은 그런 말로 충녕에 대한 불편한 심기를 드러냈다. 그러자 태종이 양녕을 나무랐다.

"비록 용맹하지 못한 듯하나 큰일에 임하여 대의를 결단하는 데에는 당대에 더불어 견줄 사람이 없다."

그 일이 있은 지 한 달 후, 태종은 충녕과 함께 사냥을 갔다. 그런데 갑자기 비가 내렸다.

"집에 있는 사람은 비가 내리면 반드시 길 떠난 사람의 수고로움을 걱정한다."

태종의 말을 충녕이 받았다.

"『시경』에 이르기를 '황새가 언덕에서 우니, 부인이 집에서 탄식한다.'고 하였습니다."

태종은 충녕의 말에 탄식하듯 말했다.

"네 실력이 이러하니 세자가 따를 바가 아니로구나!"

그런데 또다시 양녕의 여자 문제로 소란스러워지고 말았다. 인덕궁에서 연회가 벌어졌는데, 그 자리에서 양녕은 기생 칠점생을 동궁전으로 데려가려고 했다. 칠점생은 매형인 이백강의 애첩이었다.

"친척끼리 이럴 수는 없습니다."

충녕이 말리자 양녕은 화가 나서 쏘아붙였다.

"너와 나는 도(道)가 달라서 말이 통하지 않으니 앞으로 내 일에는 나서지 마라!"

모후인 원경왕후는 양녕과 충녕의 사이를 걱정했다.

"충녕의 어진 마음과 학문에 대한 깊이는 결코 우연히 생긴 것이 아닙니다. 후에 충녕과 국가 대사를 의논하겠습니다."

양녕은 그런 말로 원경왕후를 안심시켰다.

태종 16년 7월에는 이런 일도 있었다. 경회루에서 큰 잔치가 열렸는데, 태종과 상왕(정종), 세자와 종친들이 많이 참석했다. 자리가 흥겨워지자 노신들은 글귀를 이어 가며 학문을 자랑했다. 그 자리에서 충녕의 학문의 깊이가 단연 돋보였다.

"참으로 훌륭한 학문이로구나."

태종은 충녕의 학문을 크게 칭찬했다. 하지만 이내 표정을 바꾸고 양녕을 돌아다보며 꾸짖었다.

"너는 어째서 학문이 충녕만 못하느냐?"

날이 갈수록 태종의 마음은 충녕에게 쏠리고 있었다.

"더 늦기 전에 학문에 전념해야 한다. 그것만이 내가 살 길이다."

사태가 자신에게 불리하게 돌아가고 있다는 것을 파악한 양녕은 정신을 차리고 학문에 힘을 쏟기도 했다. 하지만 놀기 좋아하는 양녕 주변에는 늘 사람이 들끓었다.

궁궐의 토목 공사를 책임지는 구종수와 악공 이오방은 양녕에게 매를 선물하다가 들통 나기도 했다.

"구종수는 장대 백 대를 친 뒤에 함경도 경성군으로 귀양을 보내라! 이오방은 놈이 소속되어 있던 공주의 관노로 보내라!"

태종의 화는 거기에서 멈추지 않았다. 두 사람은 사형을 당할 위기에 빠졌다. 그런데 황희가 태종의 결정을 반대하고 나섰다.

"구종수가 한 짓은 매와 개의 일에 지나지 않습니다. 세자는 아직 어리니 잘 다스리면 두 번 다시 이런 일이 없을 것입니다."

 황희가 양녕을 두둔했던 그 일은 태종에게 큰 불신을 안겨 주었다. 그 말은 일 년 후 양녕을 폐세자시킬 때 큰 화를 부르는 빌미가 되었다고 한다.

 그런데 양녕이 폐세자로 전락하는 사건이 터지고 말았다. 1416년 12월, 양녕은 관선의 애첩인 어리에게 푹 빠지고 말았다. 양녕은 그녀의 환심을 사기 위해 많은 패물을 보냈다. 그래도 그녀가 꼼짝하지 않자, 기어이 그녀를 동궁으로 납치했다. 그런 뒤, 어리가 임신을 하자 동궁전에 머물게 했다. 하지만 그 사실이 태종 귀에 들어가고 말았다.
 "세자의 행실을 더는 두고 볼 수가 없구나! 부끄럽고 화가 치밀어 어찌할 바를 모르겠구나!"
 태종은 양녕에게 불같이 화를 냈다. 하지만 양녕도 물러

형제봉에서 본 지리산 능선
지리산은 신라 5악의 남악이다. '어리석은 사람이 머물면 지혜로운 사람으로 달라진다.' 하여 지리산(智異山)이라 불렸고, 또 '멀리 백두대간이 흘러왔다' 하여 두류산(頭流山)이라고도 하며, 옛 삼신산의 하나인 방장산(方丈山)으로도 알려져 있다.

서지 않았다. 태종이 지방 순회를 떠날 때도 몸이 아프다며 전송하지 않은 채 활 쏘기를 하거나 여염집 여인을 건드려 사건을 만들고는 했다.

그런데 태종 18년 2월 4일 태종이 몹시 아끼던 넷째 아들 성녕대군이 숨을 거두었다.

『실록』에는 성녕대군에 대해 이렇게 기록해 놓았다.
'성녕대군은 총명하고 지혜로웠고, 용모가 단정하고 깨끗하였으며 행동거지가 공순하였으므로 임금과 정비가 끔찍이 사랑하여 항상 궁중에 두고 옆에서 떠나지 못하게 하였다.'

성녕이 숨을 거두기 직전까지 그 곁을 지킨 사람은 충녕이었다. 양녕은 성녕이 숨을 거두던 날에도 활 쏘기를 하느라 정신이 없었다.

  애지중지하던 성녕의 죽음은 태종에게 큰 충격을 안겨 주었다.

  "어린 나이에 먼저 저승길로 떠난 성녕을 생각하면 목으로 음식이 넘어가질 않는구나."

  태종은 며칠 동안 식음을 전폐하며 성녕의 죽음을 슬퍼했다. 그런데 불과 열흘 후에 양녕이 어리에게 아이를 갖게 한 사실이 들통 나고 말았다. 또한 성녕이 숨을 거둔 날, 활 쏘기를 했던 사실도 드러났다.

  태종은 당장 어리를 동궁전에서 내쫓게 했다. 하지만 양녕도 가만있지 않았다.

  '전하의 시녀는 다 궁중에 들이는데, 어찌 그것이 다 신중하게 생각하여 들인 것이겠습니까? 제 계집을 내보내고자 하시나, 그가 살아가기가 어려울 것을 불쌍하게 생각하였고, 또 바깥에 내보내 사람들과 서로 통하게 하면 소문이 좋지 못할까 염려되어 내보내지 않았습니다. 지금까지 신의 여러 첩을 내보내어 곡성이 사방에 이르고, 원망이 나라 안에 가득 찼습니다. 어찌 전하에게서는 잘못을 찾지 않으십니까?'

양녕은 글로 태종과 맞섰다. 그리고 장인인 김한로를 유배 보낸 것은 부당하다고 주장했다.

"세자의 글을 보니 몸서리가 쳐진다."

태종은 양녕의 상서를 대언들에게 보여 주었다.

"이 말은 모두 나를 욕하는 것이니, 이른바 아버지가 올바르게 하지 못한다는 말인데, 만약 내가 부끄러움이 있다면 어찌 감히 이 글을 너희에게 보이겠느냐?"

태종은 거기에서 그치지 않았다. 양녕에게 글을 내려 단단히 일렀다.

"만약 한 번만 더 김한로의 무죄를 청하면 그를 죽여 버리겠다!"

이제 모든 것이 끝나 있었다. 6월 2일 의정부 3공신, 육조, 삼군도총제부, 각사의 신하들이 상소하여 세자를 폐하도록 청했다.

'세자는 왕위를 이어받아 장차 나라를 다스릴 만한 명망 높은 대왕이 되기는 어려울 듯합니다. 세자를 폐하시고 어진 세자를 새로이 책봉하시어 이 나라의 앞날을 평온하게 이끌도록 하십시오.'

다음 날, 태종은 폐세자 결단을 내렸다.
"모든 관리들의 상소문을 보니 소름이 끼친다. 하늘이 이미 버린 것이기에 어쩔 수 있겠는가? 세자 제(양녕)를 내쫓도록 하라!"

하지만 황희는 끝까지 세자 폐위를 반대했다. 화가 난 태종은 황희를 잡아들여 심문했다.

"구종수 사건을 기억하는가? 그때 공은 구종수가 한 짓은 매와 개의 일에 지나지 않으며 만약 세자의 잘못이라면 나이가 어린 탓이라고 했는데, 그 이유가 무엇인가? 지신사로 있을 무렵에 민씨 형제를 척살하면서 사실상 주동자 역할을 했던 것이 두려워서 세자에게 빌붙어 미래를 도모하려고 했던 것이 분명하다!"

"세자의 나이가 어리다고 한 말은 기억하나, 매와 개의 일에 관해서는 언급한 기억이 없습니다."

황희가 변명을 했지만, 태종은 황희를 고향 교하로 내려가라는 명을 내렸다.

평소에 태종은 황희를 누구보다 신임했다.

"내가 죽는 날에 황희가 따라 죽기를 원한다."

태종은 그런 말을 여러 차례 할 정도로 황희를 신임했다. 하지만 세자 문제로 크게 실망하면서 황희에게 중죄를 내린 것이다. 그래도 화가 안 풀린 태종은 다음 날 다시 명령을 내렸다.

"황희의 직첩을 거두어 서인으로 만들고 자손을 공직으로 쓰지 말라!"

결국 황희는 고향으로 떠나고, 양녕도 경기도 광주로 쫓겨났다.

광주로 가던 길에 충녕을 만난 양녕은 따지듯 물었다.

"네가 어리의 일을 모두 아뢰었지?"

그 말에 충녕은 아무 말도 하지 못했다.

양녕이 폐세자된 뒤, 조정은 다시 세자 책봉 문제로 시끄러웠다.

"양녕에게 두 아들이 있는데, 장자는 나이가 다섯 살이고, 둘째는 세 살이니 나는 양녕의 아들로 세자를 세울까 한다. 장자에게 문제가 생기면 그 동생을 세워 후사로 삼을 것이니 왕세손이라 칭할 것인지, 왕태손이라 칭할 것인지는 옛 제도를 상고하여 의논하도록 하라!"

태종의 의견에 우의정 한상경을 비롯한 신하들이 입을 모았다.

"전하의 말씀대로 양녕대군의 아들이 좋겠습니다."

하지만 영의정 유정현이 반대하고 나섰다.

"지금은 어진 사람을 고르는 것이 마땅합니다."

어진 사람이란 곧 충녕을 두고 한 말이었다.

그러자 좌의정 박은과 여러 신하들이 유정현의 의견에 찬성했다.

마침내 태종은 결정을 내렸다.

"충녕대군이 대위를 맡을 만하니, 나는 충녕으로 세자를 정하겠다."

하지만 태종의 마음은 천근만근 무거울 수밖에 없었다. 한동안 통곡하며 흐느끼다가 가까스로 마음을 추슬렀다.

"이런 큰일은 시간을 끌면 반드시 사람이 상하게 된다.

태종은 즉각 충녕을 세자로 책봉하는 예를 거행하라는 명을 내렸다.

"옛사람이 말하기를 손윗사람이 임금이 되는 것이 나라의 복이라고 하였다. 그러나 효령대군은 몸도 약하고, 융

통성이 부족하다. 앉아서 내 말을 듣고는 그저 빙그레 웃을 뿐이다. 나나 왕비는 효령만 보면 웃음이 나고는 한다. 충녕대군은 천성이 총명하고 학문도 좋아하여 아무리 모진 추위나 더위에도 밤새도록 글을 읽는다. 나는 혹시 병이라도 날까 봐 밤에 글 읽는 것을 금하였으나, 나에게 있는 큰 책들을 모조리 요청해서 가져갔다. 그리고 가끔 엉뚱한 데가 있기는 하지만, 정사를 다루는 원칙을 알아서 중대한 문제가 있을 때마다 제안하는 것이 꼭 맞았다. 큰 나라의 사신을 접대하게 되면 풍채며 인사며 몸가짐이 예의에 맞는다. 술을 마시는 것이 유익하지는 않지만, 큰 나라 사신을 상대하여 주인이 한 잔도 마시지 않는다면 어떻게 손님을 접대할 것이며, 환심을 살 수 있겠는가? 충녕이 술을 잘 마시지는 못하나 알맞게 들고 그만둔다. 또한 그 아들도 장래성이 있다. 효령대군은 술을 한 잔도 마시지 못하니, 이것도 안 될 일이다. 충녕대군은 큰 자리를 맡길 만하기에 나는 충녕을 세자로 삼고자 한다."

8월 6일, 조정은 세자가 된 충녕의 명나라 황제 알현 문제로 소란스러웠다.

"원래 왕위 계승을 고하기 위해 새 세자가 명나라에 갈 예정이었으나 장마가 끝나지 않아 길이 진흙탕이니 장마가 끝나는 9월에 출발하는 것이 어떻겠는가?"

태종의 질문에 신하들이 많은 의견을 내놓았고, 결국 8월 28일에 출발하기로 결정했다.

하지만 이틀 뒤, 태종은 단호한 결정을 내렸다.

"세자의 황제 알현을 중단한다!"

태종이 그런 결정을 내린 데는 여러 이유가 있었다.

"한때 세자 자리를 탐내 반란을 일으켰던 회안대군(이방간) 부자가 버젓이 살아 있고, 양녕 또한 염려하지 않을 수가 없다. 양녕의 성품이 새 세자를 해칠 정도로 악하지 않지만, 그 주변에서 틈을 엿보며 판을 뒤집으려 할 것이니 어찌 세자를 명나라로 보낼 수 있겠는가."

태종은 여전히 안정되지 못한 권력 승계 구도를 염려하

며 충녕의 명나라행을 취소한 것이다.

그리고 이어 태종은 네 번째 선위 파동을 일으켰다. 충녕을 세자로 책봉한 지 한 달 만이었다.

수탉
옛날에는 시계가 없어서 수탉이 울면 날이 샌다고 여겼다.

"왕위에 오른 지 벌써 18년이 되었고, 그동안 홍수와 가뭄이 계속되었다. 지난 병술년에 왕위를 넘겨 주려다가 뜻을 이루지 못했고, 그 후로도 제(양녕대군)의 행동이 규범에 맞지 않아서 결정을 내리지 못했다. 지금의 세자는 천성이 순진한 데다 재주가 뛰어나고, 사물에 정통하여 나라를 맡길 만하다. 세자로 책봉하던 날에 나는 벌써 왕위를 물려줄 것을 결심하고 마음이 편안했다. 충녕의 세자 책봉을 알리려 대국(명나라)에 간 원민생이 돌아오면 즉시 자리를 넘겨줘 왕으로서 황제를 뵈러 갈 것이니 얼마나 좋은 일이냐?"

태종의 선위 파동은 또 한차례 조정을 소란스럽게 했다.

"신하들과 세자를 또 시험해보시려는 것인가?"

"이제는 축출해야 될 세력이 누구란 말인가?"

대간들은 태종의 선위 파동을 불안하게 지켜보았지만, 태종의 의지는 확고했다.

"신하와 세자를 시험해보려는 뜻도 없고 오직 말 그대로 순수하게 전위하려는 것이다."

하지만 대간들은 극구 만류하고 나섰다. 하지만 태종은 망설이지 않고 옥새를 세자 충녕에게 가져다 주었다.

"애야, 이제 옥새를 네게 줄 것이니 받도록 해라."

"그럴 수는 없는 일입니다. 아직 저는 배울 것이 많아서 나라를 이끌 만한 재주와 실력이 부족하니, 제발 옥새를 거두어 주십시오."

"그동안 내 결심을 두세 번이나 일러 주질 않았더냐. 어찌 너는 내게 효도할 생각은 하지 않고 이렇게 소란을 피우는 것이냐. 내가 신하들의 청을 듣고 왕위에 되돌아가면 제 명에 죽지 못한다. 이래도 내 말을 듣지 않을 것이냐?"

"세자 자리에 오른 지 고작 한 달여밖에 안 된 제게 어찌 이런 막중한 일을 맡기려 하십니까?"

"세자가 그동안 내가 세 차례나 번복한 선위 표명 때문에 못 믿는 모양이구나. 그렇다면 하늘에 떠 있는 저 북두칠성을 두고 약속한다. 두 번 다시 선위 표명 번복은 없다!"

당황해서 어쩔 줄 모르는 충녕을 다독인 사람은 이명덕이었다.

"임금의 결심이 정해진 바에야 효성을 다해야 하지 않겠습니까?"

그때서야 충녕은 태종의 뜻을 받들기로 했다.

거인이 세운, 작지만 강한 나라

마침내 8월 8일, 경복궁의 근정전에서 충녕대군이 조선의 제4대 왕위를 이어받았으니, 그가 곧 세종이다. 세종이 왕위에 올랐지만, 정치는 아직도 태종의 영향 아래 있었다. 태종은 병권만큼은 세종에게 물려주지 않았다.

"주상이 장년이 되기 전까지 군사는 친히 처단하겠다."

태종은 예전에 이런 말을 한 적이 있었다.

"예로부터 병권을 다루는 데 과인처럼 온 정성을 쏟은 인물은 없다."

태종은 그만큼 병권에 대해서만은 자신감이 넘쳤던 것으로 보인다. 또한 왕위를 세종에게 물려주기는 했지만 권력의 핵심인 병권을 넘겨주지 않았던 것은 정치가 혼란스러우면 언제든 다시 복귀할 수 있다는 생각을 갖고 있었던 것으로 보인다.

태종은 세종에게 전위한 지 겨우 보름이 지난 8월 25일, 태종은 느닷없는 명을 내렸다.

"병조참판 강상인과 병조좌랑 채지지를 의금부에 가두도록 하라! 나는 전위할 때 군국의 중요한 일은 친히 처단하겠다고 말했음에도 강상인은 내가 아닌 임금에게만 아뢰고 내게는 보고하지 않았다!"

강상인은 30년 동안 태종을 보좌해 온 측근 인사였다. 강상인이 군사에 관한 일 중 중요한 일은 세종에게 보고하면서 태종에는 사소한 일만 보고한 것이 발단이었다.

"기껏해야 순찰과 같은 단순 업무만 보고하다니! 절대 용서하지 않겠다!"

그러나 태종이 노리는 사람은 다름 아닌 심온이었는데, 심온은 세종의 장인이었다. 그 무렵에 심온은 세종의 즉위를 알리기 위해 명나라에 가 있었다.

태종은 강상인을 직접 국문했다.

"내게 군사적인 일 중에서 사소한 일만 보고 한 이유를 대라! 네 놈이 나를 얕보고 함부로 한 데는 뭔가 믿을 데가 있기 때문이 아니겠느냐!"

모진 고문은 계속되었고, 마침내 강상인은 입을 열었다.

"국가의 명령은 한 곳에서 나와야 한다는 생각에서 상왕께 아뢰지 않았습니다."

"그 일은 누구와 의논하였느냐?"

"박습과 의논했습니다."

강상인은 끝까지 태종이 듣고 싶어 하는 심온*은 거론하지 않았다. 하지만 모진 고문을 이기지 못한 강상인은 심온을 입에 올리고 말았다.

> 심온은 1414년 형조·호조판서와 한성부판윤, 의정부참찬, 좌군도총제를 역임하고 이조판서가 되었다. 지방의 관직을 수행할 때는 관리들의 기강을 바로잡고, 병사들의 사사로운 백성 침탈과 군기 소홀에 대해 엄격한 통제를 가하였으며, 성품이 인자하고 온순하여 물정에 거슬리지 않았다고 한다. 1418년 태종이 선위하여 세종이 즉위하자 청천부원군에 봉해졌으며 왕의 장인으로 영의정부사에 임명되어 사은사로 명나라에 갔다. 그가 명나라로 떠날 때 많은 사람들이 연도에 나와 배웅하였는데, 그것이 태종을 자극했다. 태종은, 심온을 당시 병권을 장악하고 있던 상왕 태종의 권한을 비판한 죄를 물어 사은사에서 돌아오는 즉시 의주에서 체포되었는데, 수원으로 압송된 뒤에 스스로 목숨을 끊었다.

"제가 군사는 마땅히 한 곳으로 돌아가야 된다고 말하자, 심온도 그 말에 찬성했습니다."

사태는 걷잡을 수 없이 커지고 있었고, 강상인이 거론한 심온은 명나라에서 돌아오던 길에 체포되었다. 심온은 느닷없는 체포와 장형, 압슬형을 당하면서 이번의 사태를 정확하게 파악했다.

"나를 제거하기 위해 만든 계략인데, 어찌 무사히 살아날 수 있겠는가."

심온은 모든 것을 포기했다.

"그나마 왕의 장인이라는 혜택을 받아 칼을 몸에 대지 않는 것만으로도 고마워할 일이로다!"

결국 심온은 사약을 받고 숨을 거두었다.

"심온이 천거한 사람과 심온을 따르던 무리도 모두 파면하도록 하라!"

태종은 마지막까지 세종을 둘러싸고 있는 외척을 모두 제거해 버렸다.

세종이 왕위에 오른 그 해(1419년) 5월, 중대한 정보가 날아왔다.

"왜선 39척이 침입하여 병선을 불태우고 약탈하는 사건이 터졌습니다!"

아직 군사 지휘권을 행사하고 있던 태종은 세종과 중신들을 모아놓고 대책을 의논했다. 군사권을 쥐고 있던 태종은 이종무*를 총지휘관으로 임명했다. 태종은 그동안 앉아서 쳐들어오는 적과 싸우던 방식을 과감하게 탈피할 계획을 세웠다.

"수세적 방어 전략으로는 우리나라 연안을 제집 드나들듯 하는 왜구를 막아낼 수 없다. 고려 창왕 무렵에 박위가 대마도를 정벌한 후에 한동안 왜구가 줄어들었던 것처럼 적극적인 대책만이 왜구를 섬멸할 수 있다!"

태종은 이종무로 하여금 유정현, 최윤덕 등 휘하에 9명의 절제사를 거느리고 정벌 길에 오르게 했다. 동원된 병

> 이종무는 태조 6년에 웅진 전투에서 공을 세워 첨절제사에 올랐고, 2차 왕자의 난 때 이방간의 군사를 제압했다. 이종무는 쉰아홉 살의 나이에 태종으로부터 총지휘관으로 임명받았다.

선은 모두 227척, 군사는 1만 7천여 명이었고, 식량은 65일분이 준비되었다.

"조선군이다!"

왜인들은 몰려드는 조선의 대군을 보고 혼비백산 달아나기에 바빴다. 크고 작은 전선 129척을 빼앗아 그 중 쓸 만한 20척을 빼고 나머지는 모두 불살랐다. 또한 왜인 가옥 1939호를 불 지르고, 114명의 목을 베고, 21명을 사로잡았다. 또한 포로로 잡혀 있던 조선인 8명과 중국인 131명을 구출해 냈다.

정벌 과정에서 좌군절제사 박실이 이끄는 부대가 복병을 만나 한때 고전하고 아군 180명이 사망하기도 했지만, 대마도정벌은 대승리였다. 조선군은 왜구 측의 평화 협정 제의로 그 해 7월 3일 거제도로 철군했다.

대마도정벌에서 대승을 거둔 데는 태종의 적절한 판단 덕분이었다. 태종은 일찍이 화포와 화통을 비롯한 각종 첨단무기 개발에 공을 들였고, 그 무기들은 대마도정벌에 사용되었다. 태종은 대마도정벌 이후, 무기 개발에 더 관심을 기울였고, 노획한 왜선을 면밀하게 조사하도록 했다.

"대호군 윤득민은 왜선보다 빠른 배를 만들도록 하라!"

태종의 지시를 받은 윤득민은 세 척의 배를 건조했는데, 그 배는 왜선보다 속력이 빨랐다.

"앞으로 우리 조선의 배들이 바다를 침입한 적을 섬멸할 것이다!"

왜구들은 조선의 강경한 입장을 깨닫고 해안으로 상륙하여 노략질을 할 엄두를 내지 못했다. 태종의 영향을 받은 세종도 강경한 태도로 왜구들을 대하라는 명을 내렸다.

"왜구들에게 일체의 농산물을 주지 말라! 그들의 목을 조여 함부로 우리 땅을 엿보지 못하도록 하라!"

대마도는 산과 바위가 대부분이어서 경작할 땅이 없었기 때문에 세종의 그런 강경한 조치는 왜구에게 큰 타격이 아닐 수 없었다.

"잘못했다가는 굶어 죽겠구나. 어떻게 해야 조선에서 곡식을 구한단 말인가."

조선에서 바짝 목을 조이자 마침내 대마도주 소오는 사절을 파견하여 그동안의 침입을 사죄했다.

"그간의 해적질에 대해 사죄의 뜻을 표하며 우리 대마도의 특산물과 조선의 농산물을 바꾸는 무역을 다시 열어 주십시오."

그 보고를 받은 세종은 다시 명을 내렸다.

"이제 저들에게 방법을 바꾸어 회유정책을 쓰도록 하라. 왜인들에게 왕래를 허락하되, 동래 부산포(지금의 부산)와 웅천 내이포 외에 울산의 염포를 추가하여 왜관을 세우고 무역을 하도록 할 것이며, 결단코 왜관 밖으로 나오는 일이 없도록 하라. 그리고 무역이 끝나면 지체 없이 본거지로 돌아가도록 철저하게 단속하라!"

그 뒤로 삼포에 내왕하는 왜인들이 훨씬 더 늘었고 아예 눌러 사는 영주자도 차츰 늘어났다.

"영주자들을 모두 추방해 버리고 1년에 1회씩 대마도주가 50척의 진상 무역선을 보내면 쌀과 콩을 2백 섬씩 주도록 하는 조약을 체결하라!"

왜구들은 그 정도의 곡식이면 먹고 살아 갈 수 있었기 때문에 그 조약에 따라서 무역을 했고, 더 이상 해안에 상륙하여 해적질을 하지 않게 되었다.

대마도정벌 후 대규모 왜구는 사라졌고 조선은 평화 시대의 기틀을 마련할 수 있게 되었다.

태종은 오랜만의 태평치세를 몹시 흐뭇해 했다.

"과인은 후계자로 적당한 사람을 얻어 이렇게 산천을 두루 돌아다니면서도 아무 걱정이 없다. 진실로 역대의 제왕 가운데서 오늘날 우리 부자와 같은 예는 없었을 것이다."

세종에 대한 태종의 믿음은 확고했다. 태종은 서서히 세종의 뒤로 물러날 준비를 시작했다. 1421년 11월 7일, 태종은 1차 왕자의 난 때 죽은 개국 공신 남은과 이제를 태조의 묘에 공신으로 함께 배향하겠다는 뜻을 보였다.

"남은과 이제가 공이 큰 데도 태조에게 배향되지 않으니 하늘에 계신 태조의 혼령이 어찌 그들을 배향시키고 싶지 않겠느냐. 후에는 비록 죄가 있지만, 그들의 큰 공을 폐할 수 없다."

한강의 일몰
한강은 강원도 태백시의 검룡소에서 발원하여 서해로 흘러가는 강이다. 한반도 중부를 가로지르는 강으로 한반도를 흐르는 강들 중에서 가장 넓은 면적을 가지고 있다.

그리고 이듬해 1월 14일에는 성주에서 귀양살이를 하던 이직을 한양으로 불러들였다. 이직은 원경왕후 동생인 민무휼의 장인이었다. 태종은 그 무렵에 병석에 누워 지내는 날이 많았다. 태종은 자신이 살날이 얼마 남지 않았음을 직감하고 세종을 불렀다.

"황희를 다시 불러들이시오. 비록 양녕대군을 두둔하다 쫓겨났지만 그는 하늘이 내린 충신이오. 내가 황희를 벌준 것은 법도대로 다스리려 했을 뿐이지 황희의 진심을 몰라

서가 아니었소. 황희를 다시 불러 높이 쓰도록 하시오. 그냥 버려두기에는 참으로 아까운 인재이기 때문이오."

마침내 태종의 권유로 세종은 1422년 2월, 황희를 한성으로 불러올렸다.

병석에 누워 있던 태종의 증세는 날이 갈수록 심해졌다. 간혹 차도를 보이기도 했지만 이미 회복 가능성은 없었다.

"꼭 작지만 강한 나라로 이끌어 주시오."

태종은 세종에게 거듭 부탁했다. 그리고 1422년(세종 4) 5월 9일, 의식불명 상태로 빠졌다. 그때 태종의 나이 56세였다. 결국 태종은 의식불명에 빠진 이튿날 파란만장한 생을 마감했다.

태종은 고려가 무너지고 조선이 세워지는 역사의 현장 한복판에 서 있었다. 임금과 신하가 함께 통치하는 군신 통치의 이상을 주장하는 정도전 세력을 과감하게 제거하고 왕권 중심의 나라로 기틀을 잡아나갔다.

더러는 태종을 무자비하고 잔혹한 인물로 삼기도 하지

만, 『실록』에는 그를 열정이 넘치면서도 냉정하고, 냉철한 성품을 지녔다고 기록하고 있다. 1차, 2차 왕자의 난을 겪고, 왕위에 오른 태종은 말 위에서 나라를 다스렸지만, 무조건 사람을 죽이는 냉혈한은 아니었다. 1차 왕자의 난 때 세자 방석과 방번 형제를 죽인 것도 과잉 충성하려는 무리들로 인해 빚어진 일이었고, 심지어는 자신을 향해 칼을 세운 이방간도 죽는 날까지 보호했다. 태종은 제 손으로 형제를 죽인 일이 없는데도 역사는 이방간이 저지른 일까지 이방원에게 책임을 돌리고 있다.

하지만 태종은 죽는 날까지 왕권 안정을 위해 노력했다. 그러다 보니 무리하게 외척 세력을 축출하여 비난을 받기도 했다.

하지만 태종의 노력으로 태종과 세종 대까지 이렇다 할 당파가 생겨나지 않고 안정된 나라를 이끌 수 있었다. 작지만 강한 나라를 꿈꾸었던 태종의 노력 덕분에 세종은 안정된 기반 위에서 문치를 펼칠 수 있었던 것이다.

'역사를 바꾼 인물·인물을 키운 역사' 기획 의도

　성장기 어린이부터 청소년까지 역사는 떼려야 뗄 수가 없는 공부다. 다른 나라 역사보다 우리나라 역사를 더 알아야 한다는 것도 분명한 사실이다. 역사를 이끌고 가는 것은 인물이다. 역사를 이로운 길로 이끈 인물이건 나쁜 길로 이끈 인물이건 역사에서 인물이란 빼놓을 수 없는 존재다. 한 인물로 인해 역사의 흐름이 바뀌는 경우도 많고, 역사로 인해 한 인물이 탄생하는 경우도 많다. 그만큼 역사를 제대로 알려면 그 시대의 중요한 인물을 알아야 하고, 인물을 통해 역사를 읽을 수 있는 안목을 키워야 한다.

　인물 이야기는 이야기 속에 그 사람 삶의 모습이 진솔하게 담겨 있어야 할 뿐만 아니라, 인간으로서의 고뇌와 절망을 극복해 나가는 모습도 모두 함께 담겨 있어야 한다. 또 그 사람의 행동은 당시 사회 상황에서 규정되기 때문에 당시의 상황 속에서 그 인물을 관찰할 수 있어야 한다.

　'역사를 바꾼 인물·인물을 키운 역사'는 어린이는 물론이고 청소년, 그리고 일반인들까지 부담 없이 읽고 폭넓게 공감할 수 있는 내용으로 엮는 것을 최우선 방향으로 잡았다.

　인물 이야기는 백과사전이 아니다. 한 사람을 역사 속에서 바라보는 것이다. 제대로 쓰인 인물 이야기가 아니면 의미가 없다. 시대와

장소를 초월해서 하늘이 내린 인물이나 신적인 존재로 그려진 그런 인물 이야기가 아니라, 인간적인 냄새가 물씬 풍기는, 제대로 쓰인 인물 이야기가 필요할 때다.

역사는 결코 지난날의 이야기가 아니다. 현재는 물론이고 미래에도 언제든지 새롭게 발견되고 새롭게 해석될 가능성이 많다. 특히 우리의 역사는 오랜 세월 동안 왜곡되고 사라진 부분이 많은 만큼 연구할 부분이 많을 수밖에 없다.

또한 우리 역사의 국통을 아는 것은 단순히 과거를 아는 것이 아니다. 우리 민족이 섬겨 왔던 조물주의 창조 섭리, 인간이 어떻게 태어나고 어떻게 봄·여름·가을·겨울을 살아왔느냐 하는 삶의 과정과 역사의 깊은 섭리를 아는 것이다.

그러자면 여러 가지 학설과 주장을 두루 듣고 연구해서 진실에 가까운 역사를 찾아내는 것이 무엇보다 중요하다. 또한 한 인물을 제대로 이해하려면 무엇보다 그 시대의 역사를 제대로 이해해야 하고, 역사를 이해하려면 그 시대를 움직인 인물을 제대로 이해하려는 노력이 필요하다.

참조문헌 두산동아백과사전 / 위키백과사전
신편 고려사절요〈신서원 출판사〉 / 고려왕조실록〈웅진출판사〉
왜 조선은 정도전을 버렸는가〈21세기북스〉
태종·조선의 길을 열다〈해냄〉 조선왕조사〈수막새〉
세종·조선의 표준을 세우다〈해냄〉

말 위에서 다스린 세상
-태종-

초판 1쇄 발행	2010년 8월 31일
글	역사·인물 편찬 위원회
펴낸이	이영애
디자인	장원석·김재영
책임 교열	차문구
표지 그림	박경민
사진 협조	이수용(수문출판사) / 경상북도청 / 경상남도청 / 충청남도청 충청북도청 / 경주시청 / 위키백과 / 오픈애즈
펴낸곳	역사디딤돌
출판등록	2009년 3월 23일 제312-2009-000020
주소	서울특별시 종로구 당주동 168번지 당주빌딩 4층
전화	(070)7690-2292
팩스	(02)6280-2292
E-mail	123pen@naver.com
ISBN	978-89-93930-33-7
	978-89-962557-9-6(세트)

잘못된 책은 서점에서 교환해 드립니다. 저자와 협약에 의해 인지는 생략합니다.
신저작권법에 의하여 보호를 받는 저작물이므로 무단 전재와 복제를 금합니다.